U0637453

智库 中社

国家智库报告 2016（43）
National Think Tank

"三农"

稳定和完善农村基本经营制度研究

魏后凯 崔红志 主编

STUDY ON THE STABILIZATION AND IMPROVEMENT OF
THE BASIC RURAL OPERATION SYSTEM

中国社会科学出版社

图书在版编目(CIP)数据

稳定和完善农村基本经营制度研究／魏后凯，崔红志主编 . —北京：
中国社会科学出版社，2016.10
（国家智库报告）
ISBN 978 - 7 - 5161 - 9117 - 0

Ⅰ.①稳…　Ⅱ.①魏…②崔…　Ⅲ.①农村经济—经济制度—
研究—中国　Ⅳ.①F32

中国版本图书馆 CIP 数据核字（2016）第 252558 号

出 版 人	赵剑英
责任编辑	王　茵
特约编辑	王　琪
责任校对	王　斐
责任印制	李寡寡

出　　　版	中国社会科学出版社
社　　　址	北京鼓楼西大街甲 158 号
邮　　　编	100720
网　　　址	http://www.csspw.cn
发 行 部	010 - 84083685
门 市 部	010 - 84029450
经　　　销	新华书店及其他书店

印刷装订	北京君升印刷有限公司
版　　次	2016 年 10 月第 1 版
印　　次	2016 年 10 月第 1 次印刷

开　　本	787×1092　1/16
印　　张	10
插　　页	2
字　　数	100 千字
定　　价	45.00 元

凡购买中国社会科学出版社图书，如有质量问题请与本社营销中心联系调换
电话：010 - 84083683
版权所有　侵权必究

序　言

　　"以家庭承包经营为基础、统分结合的双层经营体制"，是中国农村最基本的经营制度。早在 1993 年，中共中央、国务院在《关于当前农业和农村经济发展的若干政策措施》中就明确指出："以家庭联产承包为主的责任制和统分结合的双层经营体制，是我国农村经济的一项基本制度。" 1998 年党的十五届三中全会通过的《中共中央关于农业和农村工作若干重大问题的决定》，进一步明确提出要 "长期稳定以家庭承包经营为基础、统分结合的双层经营体制"。此后，"家庭承包经营为基础、统分结合的双层经营体制" 这一表述，在《中华人民共和国农村土地承包法》（2002 年 8 月 29 日通过，2003 年 3 月 1 日起施行）和《中华人民共和国宪法》

（1999 年修正案）中以法的形式被固定下来。2008 年党的十七届三中全会通过的《中共中央关于推进农村改革发展若干重大问题的决定》，则将农村基本经营制度确定为"党的农村政策的基石"。

中国近 40 年农村改革和发展所取得的巨大成就，在很大程度上得益于这一基本经营制度。但也应看到，随着新型城镇化、农业现代化和城乡一体化的快速推进，以及农村集体产权制度改革的不断深化，中国农村社会经济环境发生了一系列重大变化。在新形势下，过去对农村基本经营制度的表述日益面临多方面的挑战，其局限性日益凸显。为适应农村社会经济环境的变化，中国农村基本经营制度也需要不断进行调整和完善，并根据新情况赋予新的内涵。正因如此，近年来中央出台了诸多稳定和完善农村基本经营制度的政策。这些政策对促进农业增效、农民增收和农村发展起到了关键性作用，为实现农村全面建成小康社会奠定了坚实基础。

2016 年中央一号文件进一步明确提出，要"研究制定稳定和完善农村基本经营制度的指导意见"。为落实这一要求，2016 年 3 月，中央农村工作领导小组办公室（简称"中农办"）组织有关部门和机构开展《稳定和完善农村基本经营制度研究》。中国社会科学院农村发展研究所是被邀请参与该项研究的四家单位之一。接到研究任务后，我们立即组成了课题组，由魏后凯所长、研究员担任组长，崔红志研究员担任副组长，主要成员包括：黄超峰副所长、苑鹏研究员、谭秋成研究员、陆雷副研究员、杨一介副研究员、刘同山博士、张瑞娟博士。在研究过程中，课题组成员多次进行内部讨论，就课题研究框架、基本思路和主要观点进行深入探讨。2016 年 4 月底和 5 月底，魏后凯、黄超峰和谭秋成代表课题组两次向中农办汇报课题进展和基本思路。课题组成员还先后赴贵州省湄潭县、瓮安县、罗田县和河南省济源市、孟州市、温县、修武县等地开展实地调研。调研工作得到了贵州省委政研室、河南省委农办的大力支持和帮助，在此表示衷心感谢。2016 年 7 月底，课题组向中农办提交了最终研究成果。

农村基本经营制度是中国农村改革发展实践的经验总结，也是近 40 年来中国始终在不断探索和完善的重大课题。本书是在提交中农办的研究报告基础上，经课题组集体讨论并进一步修改和完善后形成的，它是课题组成员集体智慧的结晶。各章的具体分工如下：第一章，谭秋成；第二章，杨一介；第三章，崔红志；第四章，苑鹏、张瑞娟；第五章，苑鹏、刘同山。最后，由崔红志对全部书稿进行初审，由魏后凯进行终审。

学术研究永无止境，由于研究水平有限及研究时间短，本书的不足之处在所难免，还望社会各界批评指正。

魏后凯

2016 年 9 月 14 日于北京

摘要：随着农村社会经济环境的变化，"以家庭承包经营为基础、统分结合的双层经营体制"这一中国农村基本经营制度也需要进行不断调整和完善，并根据新情况赋予新的内涵。本报告采用文献研究和基于实地调研基础上的案例研究方法，围绕稳定和完善农村基本经营制度的五个重大问题进行研究。主要研究结论和政策建议是：

在如何完善"统分结合"制度方面，传统的集体经营为家庭生产提供的服务应主要限定在村、村民小组拥有的水库、池塘、水渠、沟坝、田间道路、公共林地及草地的管理上。为农业生产、经营、销售提供服务这种"统"的功能应主要由生产经营规模较大的家庭农场和专业大户以及农民合作社和农业产业化龙头企业等新型农业经营主体承担，同时应鼓励用水协会、机耕队、收割队、防汛抗旱专业队、专业技术协会等社会组织从事农业公益性服务。实现"统分结合"的新机制主要是，进一步完善和加强农业家庭经营的基础地位，允许生产经营组织和"统分结合"形式多样化和差异化，发展提供农业公益性服务的民间组织。

在推动和完善农村土地"三权分置"方面，一是通过重建农民集体成员权制度，明晰集体产权主体和集体土地产权归属，以落实集体所有权。二是以保障农民集体成员基于其成员资格而初始取得集体所有的承包地的权利为目标，稳定农户土地承包权。三是根据土地承包经营权流转的不同方式来判断土地经营权的性质，进而明确土地承包经营权流转因流转方式的不同而产生不同的法律后果，以更好地放活土地经营权。

在如何贯彻落实农村土地承包关系长久不变方面，应在二轮承包到期后继续延长农民土地承包经营权，承包期为 70 年，承包期内以户为单位，"生不增、死不减"。赋予农民土地承包权更完整的权能，落实土地承包权抵押、担保和入股的权利，建立健全农村土地承包经营权退出机制。

在如何构建新型农业经营体系方面，核心有两点，一是稳定和完善农村基本经营制度，坚持家庭经营的基础性地位不动摇；二是完善新型农业经营主体创新的政策支撑体系，发挥企业家的创新主体作用，营造公平的市场竞争秩序和产业风险防范机制。

在如何发展壮大新型农村集体经济方面，应以坚持土地农民集体所有、遵循市场经济基本逻辑为前提，立足于以成员自愿联合为原则，通过劳动者的劳动联合和劳动者的资本联合，实现共同发展目标。实现同时应尽快制定社区股份经济合作社条例，明确其法人地位，完善成员股权退出进入机制和相关税收优惠政策。

关键词：农村基本经营制度　稳定和完善　政策建议

Abstract: Along with the socio-economic changes in the rural areas of China, there is a continuous need for the adjustment and improvement of the dual operation system characterized by the combination of centralized operation with decentralized operation on the basis of operation by households under a contract. The connotations of this basic rural operation system in China are supposed to be enriched under the new conditions of rural development. This report analyzes five significant issues on the stabilization and improvement of the basic rural operation system, using literature review and investigative case studies based on exploratory fieldwork. The main conclusions and policy suggestions of the study are as follows.

First of all, it is essential to improve the dual operation system characterized by the combination of centralized operation with decentralized operation. For this reason, the services for rural households' production provided in the traditional way under the rural collective management system should be limited to the management of reservoirs, ponds, canals, ditch dams, field roads, public forestry land and meadow, which are owned by the villages and village groups. This provision of services for agricultural production, management, and exchange characterized by the centralized operation is supposed to be undertaken by new types of actors in agricultural management, such as large-scale family farms, specialized households, farmers' specialized co-operatives, and agri-businesses. In the meanwhile, a range of social organizations should be encouraged to be involved in agricultural public services provision, such as water use associations, mechanized farm teams, harvest teams, specialized teams in flood control and drought relief and specialized technology associations, etc.. The key to the development of new type of the dual operation system characterized by the combination of centralized operation with decentralized operation lies in the improvement and enhancement of the fundamental position held by rural households in agricultural operation, in the encouragement of the establishment of diversified forms of organizations in production management and of the dual operation system, and in the development of social organizations providing agricultural public services.

Moreover, it would be desirable to improve the land

rights system. Along with the practice of dividing rural collective land usufruct (or the rights to contracted management of land) into contract right and management right, three types of land rights can be observed, namely, rural collective land ownership rights, farmer households' contract right and management right. With regard to this, three perspectives are proposed. Firstly, it is necessary to re-establish the collective membership, clarify rural collective land ownership, and safeguard rural collective land ownership rights. Secondly, it is essential to stabilize farmer households' contract right and take as an objective safeguarding farmer households' rights to contracted land owned by the collective, the rights endowed on the basis of collective membership. Thirdly, it would be suitable to determine the nature of land management right based on the different ways in transferring the rights to contracted management of land, which would further be used to measure various legal consequences and to invigorate land management right.

Thirdly, it is necessary to take into account the policy implementation of farmland tenure which should be maintained for unspecified long term. It would be appropriate to welcome the extension of land tenure contracts to 70 years after the expiration of the second round "agricultural land contract" in 2028. During land tenure period, farmer households should be acted as operation units, and the amount of land contracted per household is not to be changed in case of population change. Farmer households are supposed to have more integral parts of the elements of rights to land tenure, and to enjoy mortgages and security rights as well as the right to become shareholders. The mechanism of farmer households' behaviors to exit from land tenure should be established and regularized.

Furthermore, two suggestions are proposed with regard to constructing new type of agricultural management system. First, the basic rural operation system in China should be stabilized and improved. It is of vital importance to uphold the fundamental position held by rural households in agricultural operation. Second, it is desirable to improve policy supports to the innovation created by new types of actors in agricultural management. Entrepreneurs should be encouraged to play a major role in innovation in the process of creating a level playing field for them and a risk prevention mechanism for the industry.

Finally, it is indispensable to uphold the principles of rural collective land ownership and of the market economy in the course of development of new type rural collective economy. Based on the principle of voluntary and open membership, it would be desirable to achieve common development goals by way of cooperation based on labor and capital. Meanwhile, it is imperative to formulate in due time the regulations for community shareholding co-operatives, establish them as legal entities, specify shareholders' rights to participate and exit, and improve relevant preferential tax policies.

Key words: the basic rural operation system, stabilization and improvement, policy suggestions

目　　录

第一章　新形势下"统分结合"的新内涵和新机制

在"统分结合"的双层经营体制中，统一经营是指集体经济组织为农户提供生产、经营、销售等方面的服务，如机耕、水利、植保、防疫、制种、配种等。农村改革以来的实践表明，除极少数发达地区，集体经济组织既没有能力也没有激励为农户提供农业生产经营方面的服务，税费改革、"三提留五统筹"被取消后更是如此。而且，农业家庭生产经营很少需要集体统一经营这一层次。

在新的形势下，传统的集体经营为家庭生产提供的服务应主要限定在村、村民小组拥有的水库、池塘、水渠、沟坝、田间道路、公共林地及草地的管理上。为农业生产、经营、销售提供服务这种"统"的功能应主要由生产经营规模较大的家庭农场、专业大户，以及农民合作社和农业产业化龙头企业等新型农业经营主体承担，同时应鼓励用水协会、机耕队、收割队、防汛抗旱专业队、专业技术协会等社会组织从事农业公益性服务。实现"统分结合"的新机制主要是为了进一步完善和加强家庭经营的基础地位，允许生产经营组织和"统分结合"形式多样化，发展提供农业公益性服务的民间组织。

一　"统分结合"经营体制的形成

20世纪70年代后期，在四川、贵州、内蒙古、安徽等省区的边远山区及贫困地区，农民自发变革人民公社体制，采取了包产到组、包产到户、包产到劳以及包干到户等多种形式的生产责任制。包产的目的在于解决农业生产中劳动的贡献度量及监督问题，承包者人数越少，劳动贡献度量越准确，但包产避免不了分配中的平均主义问题。包干则将劳动成果与分配直接联系，意味着劳动者获得了自己劳动力的排他性使用权和收益权，从而较好地解决了人民公社体制中长期存在的激励难题。包产到组、包产到户、包产到劳、包干到户等责任制实施意味着统一生产、统一经营、统一分配的人民公社体制发生了松动，部分作业甚至大部分农业生产过程出现了分散经营现象。

1979年出台的《中共中央关于加快农业发展若干问题的决定》承认政府犯了"瞎指挥""浮夸风""共产风"的错误，极大地挫伤了广大农民和干部的积极性，认为可以"加强定额管理，按照劳动的数量和质量付给报酬，建立必要的奖惩制度，坚决纠正平均主义。可以按定额记工分，可以按时记工分加评议，也可以在生产队统一核算和分配的前提下，包工到作业组，联系产量计算劳动报酬，实行超产奖励"。1980年中共中央印发的《关于进一步加强和完善农业生产责任制的几个问题》肯定了定额计酬的小段包工和联产计酬的包工包产责任制，并鼓励推行专业承包联产计酬责任制，认为那些边远山区和贫困落后的地区，长期"吃粮靠返销，生产靠贷款，生活靠救济"的生产队，群众对集体经济完全丧失了信心，可以包产到户，并可以包干到户。

1982年中央一号文件《全国农村工作会议纪要》充分肯定了包干到户即农业生产中的家庭经营。文件认为，农业生产责任制的建立，不但克服了人民公社集体经济中长期存在的"吃大锅饭"的弊病，而且通过劳动组织、计酬方法等环节的改进，带动了生产关系的部分调整，纠正了长期存在的管理过分集中、经营方式过于单一的缺点，使之更加适合中国农村的经济状况。文件指出："土地等基本生产资料公有制是长期不变的，集体经济要建立生产责任制也是长期不变的。""目前实行的各种责任制，包括小段包工定额计酬，专业承包联产计酬，联产到劳，包产到户、到组，包干到户、到组，等等，都是社会主义集体经济的生产责任制。"

1983 年中央一号文件《当前农村经济中的若干政策问题》认为，目前农村普遍实行了多种形式的农业生产责任制，而联产承包制又越来越成为主要形式。联产承包制采取了统一经营与分散经营相结合的原则，使集体优越性和个人积极性同时得到发挥。政策明确提出了统分结合的双层经营体制。同年，人民公社体制被废除。1986 年中央一号文件《关于一九八六年农村工作的部署》认为统一经营与分散经营相结合的双层经营体制属于地区性合作经济组织。1993 年《中共中央国务院关于当前农业和农村经济发展的若干政策措施》以及 1997 年通过的《中共中央办公厅、国务院办公厅关于进一步稳定和完善农村土地承包关系的通知》都提出，以家庭联产承包为主的责任制和统分结合的双层经营体制，是中国农村经济的一项基本制度，要长期稳定并不断完善。

1998 年十五届三中全会通过了《中共中央关于农业和农村工作若干重大问题的决定》，该决定将"以家庭联产承包为主的责任制和统分结合的双层经营体制"改成了"以家庭承包经营为基础、统分结合的双层经营体制"。这一表述不仅更符合中国农村发展的现实，而且更加强调家庭经营的独立地位并使其权利更加完整。此后，"以家庭承包经营为基础、统分结合的双层经营体制"的表述在《中华人民共和国农村土地承包法》和《中华人民共和国宪法》中以法的形式固定下来，成为中国农村最基本的经营制度。

二　"统分结合"经营体制的特征

（一）土地集体所有

人民公社体制解体、实现家庭承包经营后，农民获得了自身劳动力及所使用生产资料的收益权，解决了原来集体经济中贡献度量及分配难题。所以，1980 年印发的《关于进一步加强和完善农业生产责任制的几个问题》就认为，专业承包联产计酬责任制"可以满足社员联产计酬的要求，稳定生产队的经济主体地位，把调动社员个人的生产积极性和发挥统一经营、分工协作的优越性，具体地统一起来"。家庭承包经营也使农民获得了排他性地使用自身劳动力和生产资料的权利，农民有动力将这些资源配置在收益最高的地方。《关于进一步加强和完善农业生产责任制的几个问题》承认，专业承包联产计酬责任制"有利于发展多种经营，有利于推广科学种田和促进商品生产；有利于人尽其才，物尽其用，地尽其力；有利于社员照顾家庭副业，对四属户①和劳弱户的生产和生活便于做适当的安排。这种形式，既适用于现在的困难地区，也能随着生产力的提高和生产项目的增加，向更有社会化特点的更高级的专业分工责任制发展"。

尽管家庭承包经营是以农户为单位组织生产经营活

① "四属户"为干部、职工、教师、军人家属在农村（生产队）的农户。"四属户"俗称"半边户"，是指家庭主要成员一半在单位就职、一半在农村务农。

动的，但在当时的政策表述上，改革后的农村基本经营制度被称为"以家庭联产承包责任制为基础、统分结合的双层经营体制"。家庭承包经营仍属集体经济，因为承包的土地是集体所有，农户并未脱离集体，而是和集体保持承包关系。改革之初，针对社会上流行的看法，即认为责任制只是包干到户一种形式，包干到户就是"土地还家"、平分集体财产、分田单干等，1982 年中央一号文件《全国农村工作会议纪要》指出，"包干到户这种形式，在一些生产队实行以后，经营方式起了变化，基本上变为分户经营、自负盈亏；但是，它是建立在土地公有基础上的，农户和集体保持承包关系，由集体统一管理和使用土地、大型农机具和水利设施，接受国家的计划指导，有一定的公共提留，统一安排烈军属、五保户、困难户的生活，有的还在统一规划下进行农业基本建设。所以它不同于合作化以前的小私有的个体经济，而是社会主义农业经济的组成部分；随着生产力的发展，它将会逐步发展成更为完善的集体经济"。

《全国农村工作会议纪要》进一步指出家庭承包经营只是农户与集体的一种合同关系，认为农户既然承包、经营了集体的土地，也就必须完成相应的义务。文件要求"实行各种承包责任制的生产队，必须抓好订立合同的工作，把生产队与农户、作业组、专业人之间的经济关系和双方的权利、义务用合同形式确定下来。这是集体经济管理工作的主要手段，必须认真做好。公共建设劳务、计划生育和统购派购任务也应纳入合同"。

（二）集体和家庭双层经营

1983年中央一号文件《当前农村经济中的若干政策问题》正式提出了统一经营和分散经营的概念，认为家庭经营只是集体经济的一个层次，"这种分散经营和统一经营相结合的经营方式具有广泛的适应性，既可适应当前手工劳动为主的状况和农业生产的特点，又能适应农业现代化进程中生产力发展的需要。在这种经营方式下，分户承包的家庭经营只不过是合作经济中一个经营层次，是一种新型的家庭经济。它和过去小私有的个体经济有着本质的区别，不应混同"。

至于统一经营和家庭分散经营的关系，《当前农村经济中的若干政策问题》是这样表述的："完善联产承包责任制的关键是，通过承包处理好统与分的关系。以统一经营为主的社队，要注意吸取分户承包的优点。例如，有些地方在农副工各业统一经营的基础上，实行了'专业承包、包干分配'的办法，效果很好。以分户经营为主的社队，要随着生产发展的需要，按照互利的原则，办好社员要求统一办的事情，如机耕、水利、植保、防疫、制种、配种等，都应统筹安排，统一管理，分别承包，建立制度，为农户服务。"当然，作为统一经营的代表——集体经济组织，它的一个重要的工作是保证分散经营的农户完成国家下达的各项任务。《当前农村经济中的若干政策问题》再次强调："要建立和健全承包合同制。这是完善农业生产责任制的重要环节，也有利于正确处理国家、集体、个人三者关系，把国家对农产品的收购同对农民的生产资料、生活资料供应结合起来。"

（三）家庭经营是基础

自 20 世纪 70 年代末农村经济体制改革开始，国家政策便将家庭分散经营定位为农村生产方式的基础，也是农村集体经济的基础，集体经营这一层次主要是围绕家庭分散经营提供农业生产方面的服务，如机械化耕种与收割、水利设施建设、农业技术推广等。针对集体经营这一层次在大部分农村地区未曾发挥作用，1986 年中央一号文件《关于一九八六年农村工作的部署》中曾指出："有些地方没有把一家一户办不好或不好办的事认真抓起来，群众是不满意的。应当坚持统分结合，切实做好技术服务、经营服务和必要的管理工作。"文件认为，"在集体家底甚薄，生产比较单一，产品主要用于自给的地方，要从最基础的工作做起，切实帮助农户解决生产和流通中的困难，逐步充实合作内容。在经济比较发达，集体企业已有相当基础的地方，要充分利用统一经营、统一分配的条件，加强农业的基本建设和技术改造，适当调整经营规模，促使农工商各业协调发展"。可见，集体统一经营并不是取消或代替家庭分散经营，而是被严格限定在为家庭经营提供服务方面。

1989 年政治风波后，"左"的思想有所回潮。部分基层组织以发展集体经济为名干预农户家庭生产，收回承包地，造成部分农民失去土地，严重影响了农民生活和农村社会稳定。为此，1993 年发布的《中共中央国务院关于当前农业和农村经济发展的若干政策措施》重申了之前的政策，认为集体经营只是为家庭经营提供服务。文件指出："乡村集体经济组织要积极做好为农户提供生产、经营、技术等方面的统一服务。"1997 年发布的

《中共中央办公厅、国务院办公厅关于进一步稳定和完善农村土地承包关系的通知》则明确反对以发展集体经济的名义削弱、破坏农户家庭经营。文件指出，"要处理好稳定土地承包与发展壮大集体经济的关系。任何时候都要坚持发展壮大集体经济实力。但发展壮大集体经济实力，不能在农民的承包地上打主意，更不能把农民的承包地收回来归大堆"。

1998 年中共十五届三中全会通过的《中共中央关于农业和农村工作若干重大问题的决定》，明确提出家庭经营不仅是集体经济中的一个层次，而且是统分结合双层经营体制的基础，集体经营主要是为一家一户提供服务。文件指出，"家庭承包经营是集体经济组织内部的一个经营层次，是双层经营体制的基础，不能把它与集体统一经营割裂开来，对立起来，认为只有统一经营才是集体经济。要切实保障农户的土地承包权、生产自主权和经营收益权，使之成为独立的市场主体。农村集体经济组织要管理好集体资产，协调好利益关系，组织好生产服务和集体资源开发，壮大经济实力，特别要增强服务功能，解决一家一户难以解决的困难"。2001 年发布的《中共中央关于做好农户承包地使用权流转工作的通知》

再次强调要保护土地承包权,稳定家庭经营,"土地流转要按照有关法律法规和中央的政策进行。在承包期内,村集体经济组织无权单方面解除土地承包合同,也不能用少数服从多数的办法强迫农户放弃承包权或改变承包合同。不准收回农户的承包地搞招标承包,不准将农户的承包地收回抵顶欠款,不准借土地流转改变土地所有权和农业用途。流转期限不得超过农户承包土地的剩余承包期"。

家庭经营的地位、家庭经营和集体统一经营的关系在 2002 年全国人大通过的《中华人民共和国土地承包法》中得到比较清晰的界定,同时以法的形式相对稳定地固定下来。根据《中华人民共和国土地承包法》第十三条和第十四条,集体经济组织作为所有者,主要是发包本集体所有的或者国家所有依法由本集体使用的农村土地;监督承包方依照承包合同约定的用途合理利用和保护土地;制止承包方损害承包地和农业资源的行为。集体经济组织要维护承包方的土地承包经营权,不得非法变更、解除承包合同;不得干涉承包方依法进行正常的生产经营活动。同时要依照承包合同约定为承包方提供生产、技术、信息等服务,组织本集体经济组织内的农业基础设施建设。而根据《中华人民共和国土地承包法》第十五条和第十六条，承包土地的农户享有承包地使用、收益和土地承包经营权流转的权利，有权自主组织生产经营和处置产品。承包地被依法征用、占用的，承包农户有权依法获得相应的补偿。与此同时，承包的农户要维持土地的农业用途，不得用于非农建设，依法保护和合理利用土地，不得给土地造成永久性损害。

三　新形势下"统分结合"面临的问题

（一）经营行为短期化

在以家庭经营为基础、统分结合的双层经营体制中，土地属集体所有，由农户承包经营。早期，承包期是非常短的，1980 年印发的《关于进一步加强和完善农业生产责任制的几个问题》指出，专业承包联产计酬责任制可以用合同形式确定下来，当年或几年不变。但是，在当时的环境下，因为国家政策在家庭联产承包责任制上态度不甚明朗，相当一部分地区对承包地是一年一调整。1982 年中央一号文件《全国农村工作会议纪要》曾指出，各种形式的农业生产责任制"只要群众不要求改变，就不要变动"。实际上，集体经济组织内部总有一些成员，由于人口增加、感觉土地肥瘦不均而不断提出土地调整的要求。土地的不断调整导致农户掠夺性经营，如大量施用化肥，减少有机肥使用，不注重地力培养，无人对农田水利设施进行维护、修缮等。

直到1984年，中央一号文件《中共中央关于一九八四年农村工作的通知》才明确指出："土地承包期一般应在十五年以上。生产周期长的和开发性的项目，如果树、林木、荒山、荒地等，承包期应当更长一些。在延长承包期以前，群众有调整土地要求的，可以本着'大稳定，小调整'的原则，经过充分商量，由集体统一调整。"1993年发布的《中共中央国务院关于当前农业和农村经济发展的若干政策措施》再次将承包期延长至30年，并提出了"增人不增地，减人不减地"的政策。文件指出："为了稳定土地承包关系，鼓励农民增加投入，提高土地的生产率，在原定的耕地承包期到期之后，再延长三十年不变。开垦荒地、营造林地、治沙改土等从事开发性生产的，承包期可以更长。为避免承包耕地的频繁变动，防止耕地经营规模不断被细分，提倡在承包期内实行'增人不增地、减人不减地'的办法。"2002

年通过的《中华人民共和国土地承包法》进一步以法的形式将农村土地承包关系稳定，该法第二十条规定，"耕地的承包期为三十年。草地的承包期为三十年至五十年。林地的承包期为三十年至七十年；特殊林木的林地承包期，经国务院林业行政主管部门批准可以延长"。

耕地承包期三十年尽管较以前的十五年和几年不变大大延长，可以抑制部分掠夺性经营行为，但仍不利于农业长期投资和土地改良。水利设施建设如打井、建水坝、修池塘等，机耕道和农用房修建，水土治理，土地平整，地力培养等都需要较大规模投资，且投资回收期长。如果预期这部分投资在承包地到期后会被他人无偿占有，农地承包者是不会进行农业长期投资的。而且，承包地期限短显著降低了农地的价值，承包者出租土地时无法获得承包地正常的租值。

（二）土地资源被浪费

1980 年中共中央印发的《关于进一步加强和完善农业生产责任制的几个问题》就明确提出，包产到户的社队不准买卖土地。1982 年中央一号文件《全国农村工作会议纪要》也指出："严禁在承包土地上盖房、葬坟、起土。社员承包的土地，不准买卖，不准出租，不准转让，不准荒废，否则，集体有权收回；社员无力经营或转营他业时应退还集体。"1984 年中央一号文件《中共中央关于一九八四年农村工作的通知》再次强调，自留地、承包地均不准买卖，不准出租，不准转作宅基地和其他非农业用地。2002 年全国人大通过的《中华人民共和国土地承包法》第十七条提出，承包方须维持土地的农业用途，不得用于非农建设。2004 年颁布的《中华人民共和国土地管理法》第十四条指出，农民集体所有的土地由本集体经济组织的成员承包经营，从事种植业、林业、畜牧业、渔业生产；第四十四条指出，建设占用土地，涉及农用地转为建设用地的，应当办理农用地转用审批手续；第四十七条指出，征收土地的，按照被征收土地的原用途给予补偿。征收耕地的补偿费用包括土地补偿费、安置补助费以及地上附着物和青苗的补偿费，该条还给出了如何计算土地补助偿费、安置补助费以及地上附着物和青苗的补偿费的参考方法。

所以，在以家庭承包经营为主、统分结合的双层经营体制中，农户承包经营只是指农业生产和经营，农户获得的土地使用权、收益权和让渡权只是在农业上的使用权、收益权和让渡权。这首先导致了土地利用的不公平问题，因为农户虽然可获得部分征地补偿，但由城镇化带来的土地增值收益大部分由工商资本和政府获得；其次也导致了土地利用效率低下。土地不能买卖，也就不存在为土地定价的市场，部分在城市已有稳定工作的农民可能宁愿将土地撂荒、闲置，也不愿意流转土地或放弃承包权。

（三）农户权益难以保障

统一经营的代表村委会，发包土地，监督土地使用，保证承包者完成合同任务。从 20 世纪 80 年代中期开始，部分村委会常利用国家赋予的这一行政权力，随意改变土地承包关系，以各种名义强行收回农民的一部分承包地，重新高价发包，加重农民负担；部分村委会违背农民意愿，搞强迫命令，实行土地适度规模经营；部分村委会为了解决负担不均和完成农产品定购任务难等问题，把土地分为口粮田和责任田，搞"两田制"；部分村委会为了增加乡、村集体收入，随意扩大"机动地"的比例，损害农民的利益。

1997 年发布的《中共中央办公厅、国务院办公厅关于进一步稳定和完善农村土地承包关系的通知》对部分地方随意调整承包关系以及搞"两田制"进行了制止，规定各地原则上都不应留机动地，已留有机动地的地方，必须将机动地严格控制在耕地总面积5%的限额之内，并严格用于解决人地矛盾，超过的部分应按公平合理的原则分包到户。2002年全国人大通过的《中华人民共和国土地承包法》第十四条第一款规定发包方必须维护承包方的土地承包经营权，不得非法变更、解除承包合同；第二款规定发包方必须尊重承包方的生产经营自主权，不得干涉承包方依法进行正常的生产经营活动。尽管如此，乡镇政府、村委会侵占、损害承包者利益的事件仍时有发生。

（四）家庭经营规模狭小

20世纪70年代末80年代初开始农业联产承包责任制变革时，土地一般是按人口均分的，部分地区是按劳动力或人口与劳动力的一定比例分配，由于人多地少，家庭承包经营的规模都极为狭小。早期，承包期很短，而承包地又不断被调整，农户无法做出规模经营的预期，土地流转当时主要在村内，而且时间都不长。1993年的政策将承包期延至 30 年，这一时间段对实现规模经营后需要改土改水、进行基础设施建设的农业生产实际上是不够的。最主要的问题是，统一经营的代表村委会的承诺是不可信的，农户在实行规模经营时签订的土地流转合约存在极大的不确定性。以村内调整土地为例，按照 2002 年通过的承包法，第二轮承包期 30 年不变，村委会不能随意调整土地。然而，在实践中，部分村庄对这一政策根本就没有执行，仍在频繁调整承包地。2014 年中国社会科学院农村发展研究所乡村公共服务研究课题组调查的 46 个村中有 13 个村对承包地进行三年一调或五年一调。

承包权利的不完整性和不确定性使得经营者和承包人难以签订长期稳定的合约，中国农业也就长期保持小规模经营。经营规模小，很难使生产要素达到最优配置。而且，小户也没有能力进行周期长、投资数额较大的农田基本建设，缺乏根据市场调整生产品种和结构的动力。结果，中国农业生产效率较低，产品竞争力不高。土地流转受到限制后，耕作规模无法扩大，这就导致农民在化肥、农药等生产资料利用上无法达到规模最优。而且，耕作规模小、农业收入比重不高也使农民缺乏学习如何改良土壤、如何合理施肥的动力。

四 "统分结合"的新内涵

在统分结合的双层经营体制中，统一经营是指集体经济组织为农户提供生产、经营、销售等方面的服务，如机耕、水利、植保、防疫、制种、配种等。农村改革以来的实践表明，除极少数发达地区，集体经济组织既没有能力也没有动力为农户提供农业生产经营方面的服务，税费改革、"三提留五统筹"被取消后更是如此。

农业家庭生产经营也很少需要集体统一经营这一层次，因为：（1）生产之外的技术、销售等方面的服务是有利可图的，农民自己会力争获得；（2）部分农业技术服务已经内含在农业生产资料中，如优良的种子，施用的化肥和农药；（3）部分生产性服务如水利建设中的打井、灌溉等，实际上相当于一项投资，长期来看农户是可以获得收益的，中国几千年的农业发展历史已经证明农民可以很好地合作解决社区内部生产基础设施建设等问题；（4）诸如机械播种、耕地、收割等农业机械方面的服务，可以通过专业分工、市场化的方式解决；

（5）至于大型的农田水利建设，如土地平整、河流治理等，也不是小范围内的集体经济组织可以解决的。

所以，在新的形势下，传统的集体经营为家庭生产提供的服务是极为有限的，提倡这种集体经营可能造成对农户生产的干预。由村委会和村民小组负责的集体经营应主要限定在村、村民小组拥有的水库、池塘、水渠、沟坝、田间道路、公共林地及草地的管理上。为农业生产、经营、销售提供服务这种"统"的功能应主要由生产经营规模较大的家庭农场、专业大户以及农民合作社和农业产业化龙头企业等新型农业经营主体承担，同时鼓励用水协会、机耕队、收割队、防汛抗旱专业队、专业技术协会等社会组织从事农业公益性服务。

五　"统分结合"实现的新机制

（一）完善和加强家庭经营的基础地位

首先要改革集体产权的实现方式。家庭联产承包责任制改革后，农户虽然获得了自主经营权，可自由处理自己的产品，但仍需完成国家农业税，并向乡镇政府和村委会缴纳多项费用，费用中相当一部分本应由国家财政支付，如民兵训练、农村基础教育、农村孤寡老人抚养和军烈属优抚等。所以，土地集体产权可视为保证农民完成农业税及各项费用的一种强制手段。2006 年以后，农业税费被取消，教育、医疗、低保等都已逐步纳入国家财政的覆盖范围，集体产权作为强制农民完成义务的手段已没有存在的基础。这时，由集体经济组织、村委会、村民小组充当所有者身份容易产生不断调整土地、破坏承包合同等机会主义行为。因此，需要探索集体产权实现的新形式，可考虑土地仍由集体所有，但承包农户可以永久地使用土地并可以自由流转。

其次要延长土地承包期。2008 年中共十七届三中全会通过的《中共中央关于推进农村改革发展若干重大问题的决定》指出："赋予农民更加充分而有保障的土地承包经营权，现有土地承包关系要保持稳定并长久不变。"保持现有土地承包关系稳定并长久不变这一提法，在 2013 年中共十八届三中全会通过的《中共中央关于全面深化改革若干重大问题的决定》、2014 年中央一号文件《关于全面深化农村改革加快推进农业现代化的若干意见》、2015 年印发的《深化农村改革综合性实施方案》中都被进一步强调。"长久不变"较"长期不变"无疑更强调土地承包关系的稳定，但仍给了那些要调整土地承包关系的地方政府扭曲政策的空间，如部分人就将"长久不变"解释为集体经营中的承包关系而不是土地承包期长久不变。因此，有必要在法律上将家庭经营的承包地无限延长，稳定承包者、经营者长期生产和合作的预期。

（二）允许生产经营组织和"统分结合"形式多样化

由于资源条件、技术水平、经济发展程度以及农业生产自然特性的不同，不同地区、不同产业、不同产品的生产规模和组织方式不同，农业生产服务的范围和方式，即"统"的范围和方式也就不一样。各种生产组织提供的服务，即承担"统"的功能主要出于自利动机，会权衡提供服务的成本和收益。因此，应允许农业生产经营组织和"统"的形式多样化、差异化，不宜过于强调发展某种生产经营组织和强迫生产经营组织提供某种服务。

（三）鼓励民间组织提供"统"的功能

由集体经济组织代表村委会提供生产性服务不仅成

本高，而且不能满足农户对服务的多样性需求，并有可能干预农户生产经营。因此应鼓励用水协会、机耕队、收割队、防汛抗旱专业队、专业技术协会等社会组织从事农业公益性服务。这些民间组织由农户自发组成，有共同的需求，且内部之间容易监督，可防止"搭便车"行为，能够显著降低提供生产性服务的成本。

第二章 "三权分置"的实施进展和完善办法

为实施"落实集体所有权，稳定农户承包权，放活土地经营权"的"三权分置"政策，有必要明确"三权分置"的内涵和边界，在分析当前"三权分置"的进展以及存在问题的基础上，提出切实可行的完善措施和办法。

一 "三权分置"的内涵和边界

为推进和完善以家庭承包方式取得的承包地的"三权分置"，首先需要明确农民集体所有权、土地承包权和土地经营权各自的内涵和边界。为落实集体所有权，需重建农民集体成员权制度，重塑农民集体组织结构。为稳定农户土地承包权，应保障农民集体成员基于其成员权而初始取得集体所有的承包地的权利。土地经营权的性质，应根据土地承包经营权流转的不同方式来确定。

（一）关于"三权分置"的观点

最近一段时期，如何实施"三权分置"政策，已经引起了人们的广泛关注和讨论。

关于何为集体所有权以及如何落实集体所有权，学术界存在不同的看法。有观点认为，集体所有权体现为集体能够享有为本集体成员占有、使用、收益、管理和保有土地等权能，是对土地等生产资料不可分割地共同占有；集体所有权不仅具有财产属性，更具有社会保障功能，是公私法兼顾的具有社会法属性的所有权。[1] 有学者认为，集体所有权只能通过设定用益物权的方式实现，而由集体保留最终处分权。在取消农业税、实行土地承包关系长久不变后，集体的最终处分权已动摇。农地的集体所有权缺乏私法的基本属性。"三权分置"中的所有权的权能集中体

---

[1]　韩松：《农民集体所有权的权能》，《法学研究》2014 年第 6 期。

现为处分权，即设定承包权，或在承包权、经营权消灭时对农地进行全面支配①。对集体所有权的认识，应充分考虑集体形态的变化和成员权在实践中的发展。② 落实集体所有权的着力点，应尊重和落实好集体经济组织在占有、处分方面的权能，发挥其管理作用。③

"三权分置"中关于如何处理好承包权和经营权的关系，人们的认识存在较大分歧。关于土地承包权的性质，大体上有两种观点。一种观点认为，土地承包权属于成员权。④ 另一种观点则认为，土地承包权实际上指的是土地承包经营权，⑤ 其内容包括承包地位维持权、经营权分离对价请求权、土地征收补偿获取权、继承权和退出权⑥。关于土地经营权的性质，基本上也有两种不同的看

---

① 李国强：《论农地流转中"三权分置"的法律关系》，《法律科学》（西北政法大学学报）2015 年第 6 期。
② 孙宪忠：《推进农村土地"三权分置"需要解决的法律认识问题》，《行政管理改革》2016 年第 2 期。
③ 叶兴庆：《集体所有制下农用地的产权重构》，《毛泽东邓小平理论研究》2015 第 2 期。
④ 参见叶兴庆《集体所有制下农用地的产权重构》，《毛泽东邓小平理论研究》2015 第 2 期。
⑤ 参见李国强《论农地流转中"三权分置"的法律关系》，《法律科学》（西北政法大学学报）2015 年第 6 期；刘颖、唐麦《中国农村土地产权"三权分置"法律问题研究》，《世界农业》2015 年第 7 期。
⑥ 潘俊：《农村土地"三权分置"：权利内容与风险防范》，《中州学刊》2014 年第 11 期。

法。一种看法是，土地经营权属于用益物权，其内容包括占有权、使用权、收益权和转让权，[①] 它是从土地承包经营权中分离出来的新的用益物权，但不是将其分离为承包权和经营权，可将其用于出资、抵押、租赁和转让。[②] 另一种看法则认为，土地经营权实为承包地的租赁权，属于债权性质，不应进行权属登记。[③]

　　为促进"三权分置"，修法建议各有侧重。有意见认为，应将承包经营权改为承包地经营权。[④] 还有意见认为，在用益物权体系中，名称上仍然沿用土地承包经营权，采用经营权概念面临一定障碍。[⑤]

　　上述观点有利于把握"三权分置"产权结构下不同权利类型的含义和实现途径。同时，为进一步理解"三权"各自的内涵和边界，应从地权制度及其实践出发做

---

　　① 贾林青：《确认农地经营权还需制度保障》，《中国经济报告》2014年第12期。

　　② 谢鸿飞：《依法推进"三权分置"改革，农村土地可以释放更多红利》，《人民日报》2016年1月28日第7版。

　　③ 普金霞：《农村土地三权分离法律思考——基于权能分割和成员权视角》，《人民论坛》2015年第26期；李帆：《评农村土地三权分离学说——从民法理论的角度》，《经济研究导刊》2016年第3期。

　　④ 尹成杰：《三权分置是农地制度的重大创新》，《农村工作通讯》2015年第16期。

　　⑤ 丁文：《论土地承包权与土地承包经营权的分离》，《中国法学》2015年第3期。

出判断。

（二）如何落实集体所有权

农村改革以来，集体所有权制度演变的主要特征，可以概括为集体所有权制度从农村生产、分配和核算单位的集体经济组织制度，向可以从法律意义上来解释的财产权制度演变。"农民集体所有的动产和不动产，属于本集体成员集体所有。"① 在农村社会经济条件发生根本变化的背景下，应重新解释和理解农民集体所有权的含义。

所有权包含占有、使用、收益和处分的权能，是大陆法系国家关于所有权立法的通行做法。而关于农民集体所有权的物权立法，其目的在于保障农民集体为其成员提供生存和发展需要的土地财产权。农民集体所有权权能的收缩是由于农户承包经营权权能的扩张。

为落实集体所有权，首先应当明确农民集体成员权的取得和丧失规则。重建农民集体成员权取得和丧失规则的出发点是，农民集体成员资格需不需要固化？如需

① 参见《物权法》第五十九条第一款。

要固化，如何固化？进而在遵循基本原则的前提下，赋予农民集体充分的自主权和选择权。农村集体产权制度改革实践中成员资格固化，其积极效果主要体现在有利于克服集体所有权主体的不确定性。因此，集体成员权制度建设是落实集体所有权的关键。进一步说，应在重建农民集体成员权制度的基础上，根据不同情形，区分农民集体所有的不同形态，明晰集体土地产权归属，进而实现集体产权主体的清晰。

集体产权制度改革实践为区分集体所有权的不同形态提供了可能。如土地股份合作社的设立，表明其产权形态是按份共有，而不是共同共有。集体土地产权归农民集体共有这一笼统的说法不利于集体土地产权的明晰。集体所有权主体虚位的说法也不准确。集体所有权主体是该集体的成员，问题是谁为该集体的成员？成员资格的识别和认定缺乏科学、可行的规则。集体成员资格的识别和认定只是问题的一方面，问题的另一方面是农民集体组织结构的法律基础同样没有得到解决。农民集体经济组织和村民自治组织的功能和性质如何区分，不能通过清晰的法律表达来体现，进一步加剧了集体所有权主体制度的混乱。政策实施和实践表明，在一些情形下村民自治组织可以成为集体土地产权的主体，而无须将集体土地产权主体一概归于集体经济组织。[①] 集体土地产权的具体形态可以根据主体构成、主体责任、产权结构等因素来区分，以有效落实集体所有权。

（三）何为稳定农户土地承包权

土地承包制的法权表达是土地承包经营权。《物权法》和《农村土地承包法》为土地承包经营权创设了基本上与土地承包制相适应的法律制度。以家庭承包方式取得的土地承包经营权法律制度，其立法目的在于保障以家庭为单位的农民集体成员享有对集体所有土地的占有、使用、收益和依法处分的权利。

土地承包权指的是土地承包经营权的观点，在土地承包经营权不发生流转的情形下大体上是能够成立的，其中的原因在于，此情形下承包地由农户自己耕作、自己经营。然而，当土地承包经营权发生流转时，因流转方式的不同会产生不同的法律后果。土地承包经营权人

---

① 参见国土资源部、中央农村工作领导小组办公室、财政部、农业部《关于农村集体土地确权登记发证的若干意见》（2011 年国土资发〔178〕号）。

以租赁（转包）的方式将承包地转于他人之手时，其丧失了对承包地的占有和使用，但享有相应的收益权，租赁期满后土地承包经营权恢复到出租（转包）前的状态。土地承包经营权人将土地承包经营权转让于他人，或将土地承包经营权入股或互换时，在转让、入股或互换发生法律效力时，受让人受让了原来的土地承包经营权。

因此，在实施"三权分置"的背景下，稳定农户土地承包权指的是保障农民集体成员基于其成员权而初始取得集体所有的承包地的权利。这项权利既可以由其持有，也可以流入他人之手。保障农民集体成员初始取得承包地的权利的现实意义在于，在将来较长一个时期内，家庭承包经营的基础性地位应予维持，以维护和保障家庭承包经营为基础、统分结合的双层经营体制。同时，在保障农户土地承包权的前提下，根据自愿、有偿原则，推动土地承包经营权流转。这是土地承包权和土地经营权分离的法理基础。

（四）何为土地经营权

农户依法行使其承包地的处分权，而不同的处分方式，产生了不同的法律后果。因法律后果的不同，土地经营权的性质也就不同。

不发生土地承包经营权流转情形下的土地经营权，指的是农户基于其承包权而自己耕作其承包地的权利。同时，为应对农业兼业化和农村劳动力外流，推动和促进以家庭承包方式取得的承包地的适度规模经营，推进农业现代化，创新农地经营制度，建立土地经营权制度成为稳定和完善农村基本经营制度的现实选择。放活土地经营权的现实意义在于，农户将其基于成员权而初始取得的集体所有的承包地的占有、使用和收益的权能或部分权能让渡于他人，受让人取得经营农户承包地的权利。

土地流转中的流入方取得承包地后，享有独立地占有、使用和收益的权利。尽管其取得方式不同，但其土地经营权的独立性不受取得方式的影响。土地经营权的独立性是因土地承包经营权流转交易而产生的一个后果。放活土地经营权的政策含义在于，通过推动土地经营权流转，实现土地适度规模经营，在稳定农村基本经营制度的基础上，建立土地经营权制度，建立和完善新型土地经营主体制度，加速培育家庭农场、专业大户、农民合作社、农业企业等各种不同类型的新型农业经营主体，解决当前中国农业基本经营主体农户存在的超小规模、分散经营的问题。

二　"三权分置"实施的进展及存在问题

为落实集体所有权，稳定农户土地承包权，进一步保障土地经营权的独立地位，有必要分析"三权分置"政策的实施进展，并揭示其中存在的主要问题。

总体上说，因不同地区的经济发展水平和自然条件有差异，同时与农业生产类型、农业产业化水平以及政府推动力度多种因素有关，"三权分置"政策的实施效果也存在差异。在经济发达地区或耕作条件较好的地区从事粮食生产，农地适度规模经营或大面积经营的程度较高，而在经济欠发达地区或耕作条件较差的地区，农地的适度规模经营或大面积经营的程度和经济发达地区或耕作条件较好地区相比，则存在较大的差距。

（一）"三权分置"实施进展

落实集体所有权，主要是进行集体土地所有权的确权颁证，以及保障农民集体的成员权。为落实集体所有权，目前全国各地集体土地所有权确权颁证基本完成。[①]在集体产权制度改革中，清产核资、股份制改造，在不同地区取得了不同程度的进展。集体产权制度改革的核心问题之一——成员资格的认定和界定，以户籍、劳龄和人口出生的时间节点等为主要标准，成员权制度已经成为参与土地分配和获得集体资产收益的基础制度。

土地承包制的建立，为土地流转提供了可能，也为农户成为地权交易的主体提供了可能。从 20 世纪 80 年代中期开始，不同形式的土地流转开始出现。禁止或限制土地流转曾经是农地政策的重要内容。同时，为适应农村社会经济条件的变化，促进和推动土地流转逐步得到了法律和政策的支持，其主要标志是土地承包经营权流转法律制度的建立和土地流转政策体系的初步形成。土地承包经营权流转的一个后果，是土地经营权从农地权利体系中分离。

近年来，土地流转面积呈现逐年增加的趋势（见表

---

① 《全国农村集体土地所有权确权登记发证基本完成》，国土资源部网站，http：//www. mlr. gov. cn/xwdt/mtsy/people/201307/t20130725_ 1245423. htm。

1）。可以看出，目前占耕地总面积三分之一的家庭承包经营耕地已发生流转，这部分家庭承包经营的耕地的占有和使用已从承包农户之手流入经营者之手。这一土地流转格局的形成，既保障了农户的土地承包权，也使农地的适度规模经营提高到了一个新的水平。

表 1   中国农村土地流转情况

年 份	土地流转面积（亿亩）	土地流转面积占经营耕地面积的比重（％）
2010	1.87	14.7
2011	2.28	17.8
2012	2.78	21.7
2013	3.41	25.7
2014	4.03	30.4
2015	4.43	33.3

注：（1）2010—2014 年土地流转面积的数据来自农业部的统计数据（网址链接为 http：//www.nctudi.com/news_ show.php/id-49386）；土地流转面积占经营耕地面积比根据《2015 年中国统计年鉴》的土地流转面积与经营耕地面积计算得到。

（2）2015 年的数据来源于韩长赋的《土地三权分置是中国农村改革的又一次重大创新》，《农村工作通讯》2016 年第 3 期。

此外，实施"三权分置"政策的一个显著效果是新型农业经营主体的出现。家庭农场、专业大户、土地股份合作社、农业企业等经营主体的数量目前已达到一定规模。工商资本进入农业后，大面积的农地经营已经出现，并且已形成一定规模，特别是在耕作条件较好的地区，已成为重要的农地经营方式。

据农业部经管总站的统计，截至 2015 年 6 月底，县级以上农业部门认定的家庭农场达到 24 万个，比 2014 年的 19.3 万个增长 72.7%。[①] 另据 2013 年 4 月农业部的专项调查，共有种粮大户 68.2 万户。[②] 促进农业产业化发展，规范农业产业化龙头企业成为一项重要的农业政策。[③] 为规范和监测农业产业化龙头企业，农业部多次公布了全国各省份龙头企业名单，并制定了《农业产业化重点龙头企业认定和运行监测管理办法》。

为规避土地流转的风险，代耕或土地托管成为一些农业经营主体（如农机合作社）乐于选择的经营方式。

（二）"三权分置"面临的困难和障碍

土地适度规模经营的前提是土地流转。从这个意义

---

① 农业部经管总站体系与信息处：《家庭农场调查分析——2015 年农经统计半年报分析之四》，《农村经营管理》2015 年第 10 期。

② 周星乔：《中国目前共有种粮大户 68.2 万占全国总产量 12.7%》，http：//finance.people.com.cn/n/2013/0413/c1004-21123061.html。

③ 参见 2012 年 3 月《国务院关于支持农业产业化龙头企业发展的意见》（国发〔2012〕10 号）。

上说，"三权分置"的政策目标之一是促进土地适度规模经营。"三权分置"面临的困难和障碍主要体现在以下几个方面：如何重构集体所有权、农户土地承包权和土地经营权三者之间的关系，如何看待土地经营权的性质，如何实现土地经营权人的稳定预期，如何克服承包土地的经营权抵押的局限性。

1. 农户的土地承包权在实践中可能遭受侵害

从集体所有权与土地承包经营权分离，到集体所有权、农户土地承包权和土地经营权分置，地权结构发生的变化主要体现为：在保障农民集体成员初始取得集体所有的耕地的前提下，以自愿、有偿为基本原则的土地流转，因流转方式的不同而产生了不同的法律效果。问题在于，目前农民集体成员权制度的基本规则尚未建立，特别是农民集体成员的撤销权缺乏有效的行使机制，一些情形下的土地流转，如基层政府为推进承包地的整体流转而违反自愿原则，将导致稳定农户土地承包权的目标落空。

2. 农民集体成员资格的认定或识别标准不统一容易引发实践的混乱

即使在进行集体产权制度改革的地方，成员资格的认定或取得的标准存在程度不同的差异，特别是成员资格的封闭性可能给将来的地权争端留下隐患，也会使成员资格固化的目标不能实现。

成员资格的封闭性的实践后果，将会使土地的不断调整成为可能，也将会导致土地收益分配规则的不断修改。成员资格的固化能促进土地承包权的稳定，而成员资格的变动将会导致稳定土地承包权的目标落空。可以土地承包经营权转让为例说明此问题。农户转让其土地承包经营权，该土地承包经营权消灭，受让人取得的土地经营权属于物权的范畴。因受《物权法》规则的调整，这项权利具有较强的效力，特别是其排他性。受制于"增人不增地，减人不减地"的规则，农户转让其土地承包经营权后，其基于成员权而初始取得的承包权消灭，如果其请求再次取得集体所有的承包地，则缺乏充分依据，而其请求得到支持则又动摇了土地关系的稳定性。

3. 将土地经营权定位为新型的用益物权或租赁权都有失偏颇

在农户将其土地承包经营权出租（转包）的情形下，受让人取得的土地经营权是租赁权，而不是用益物权，双方的交易受租赁合同规则的调整。而在农户将土地承包经营权转让、入股或互换的情形下，其转让、入股和互换的行为将产生物权效力，受让人取得的土地经营权属于物权的范畴，受物权规则的调整。因此，在土地经营权性质认识上非此即彼的观点，忽视了土地经营权取得原因的多样性，而可能导致其权利形态的单一化，进而造成"三权"结构的混乱。而且，用益物权是对世权，具有较强的对抗效力，将土地经营权一概视为用益物权，还会造成土地经营权一权独大，农户土地承包权的地位受到削弱。

租赁是土地承包经营权流转的通行做法。农用地的流转交易以经营权为主，而不涉及所有权和承包权。[①] 以租赁方式实现农户承包权和土地经营权分置，其优势是农户将承包地的占有、使用的权能让渡于承租人后，可以取得收益，而且在租赁期限到期后由自己持有和经营承包地。承租人以此方式取得的土地经营权受租赁规则的调整，出租人取得合同约定的租金。租金的计算可以采取不同方式，既可直接约定现金计租，也可实物计租，

---

① 参见 2015 年 1 月《国务院办公厅关于引导农村产权流转交易市场健康发展的意见》（国办发〔2014〕71 号）。

即按照当地当年主要农作物的市场平均价为标准计算。从调研情况看，农户倾向于采用实物计租的方式。以租赁方式取得土地经营权，承租人往往希望有一个较长的租期，以便于长期经营和投资。当农户采取一年一租等短期租赁的方式时，承租人对租赁经营缺乏稳定的预期，影响了其中长期投资，还可能导致掠夺性经营。而如果基层政府急于促进土地流转而租赁期限较短，还会产生政府插手流转交易进而引发地权争端的负面后果。即使在租赁期限较长的情形下，当地租和人工成本在经营成本中所占比例较高或经营不善而遭遇亏损时，承租人往往会选择解除租赁合同，或放弃经营或到地租偏低的地方重新承租土地，而出租土地的农户的期待收益无法实现。课题组在调研中了解到承租人两年未向农户支付租金的案例。

承包地出租人和承租人约定的租赁期限应当是二轮承包的剩余期限，但在实践中有些租赁合同约定的期限却超过了二轮承包的剩余期限，如有的租赁合同约定的租赁期限为30年。这意味着，租赁合同约定的期限超过二轮承包的剩余期限的部分无效，而将产生租赁合同部分无效的法律后果。问题是，当这样的合约安排成为当事人的自愿选择，并且能得到基层政府的鼓励或支持时，合同无效的认定规则丧失了引导功能。

由于对土地经营权性质的认识存在分歧，对是否应当颁发土地经营权证，人们的认识也不统一，而在实践中也就有了不同的做法，有的给土地经营权人颁发土地经营权证书，而有的则向土地经营权人出具流转交易鉴证书或备案证明。

4. 承包土地的经营权抵押存在较大的局限性

承包土地经营权抵押在一些地方已开始试行。一般情况下，由于抵押的是承包土地的经营权的经营收益，银行提供的贷款额度不会太大。以经营收益抵押融资时，地方政府和农村集体组织往往扮演隐形担保人和保险者的角色①。为促进抵押融资，地方政府成立担保公司。在地方政府的积极参与下，以承包地经营权的经营收益抵押融资机制的运行，将会增加交易成本。同时，在经营者的经营期限较短或经营收益不高的情况下，金融机构为规避风险而缺乏为经营者提供融资的动力，因为金融机构提供融资的目的是营利，而不是其他。课题组了解

---

① 邵挺：《土地流转的"名"与"实"——引入金融的视角》，《中国发展观察》2015 年第 4 期。

到的以土地经营权的经营收益抵押的案例表明，以经营收益抵押融资，在经营收益较低或存在风险的时候，如果地上附着物具有较高的经济价值，金融机构会选择地上附着物为抵押物。虽然这种做法可以较好地保障抵押权的实现，但却偏离了以经营收益抵押的政策。

在农户自营承包地的情形下，农户也可以承包地的经营收益抵押融资。当农户不能履行到期债务时，如采取强制管理的方式实现抵押权，这在法理上说是可以成立的，但其实施效果如何则有待进一步观察。农户承包地的规模一般较小，收益也较少，以强制管理方式实现抵押权存在管理成本的问题，这同样会增加抵押融资的交易成本。

另外，在新型农业经营主体方面，因经营收益无法保障，土地股份合作社建设难以顺利推进。专业合作社的组织结构与其他经济组织特别是有限责任公司之间缺乏必要的区分。专业大户如何界定有待制订基本的规则，特别是专业大户是一类独立的主体还是包含若干种类也缺乏明确的指导意见或划分标准。家庭农场和其他主体混同，如同一主体以家庭农场和有限责任公司的不同面目出现。

（三）原因分析

"三权分置"面临的困难和障碍，主要在于制度安排的不衔接或制度建设的滞后，既引起人们认识的混乱，还给实践操作带来一系列难题。具体而言：

1. 集体所有权制度缺乏明确的、具有可操作性的规则

集体所有权的行使规则与集体所有权主体结构缺乏科学的法理基础，容易在实践中引发矛盾和冲突。近年来的集体产权制度改革实践，为集体所有权制度的重建提供了许多有益的经验，特别是土地股份合作的实践能促进产权明晰，但仍然不能有效克服集体所有权制度的内在缺陷。在集体所有权和土地承包经营权的关系上，受土地调整、承包期限、集体成员资格取得、征地补偿等问题的影响，两种权利之间也存在冲突。集体所有权行使主体与村民自治组织的重合，为集体所有权权能的扩张和农村基层组织干预农户的承包经营提供了制度支持。农民集体所有权的行使主体的制度安排在实践中还造成这样一个后果：农民集体成员的权益受侵害时缺乏有效的救济途径。

2. 对地权结构的认识存在较大分歧

对集体所有权、土地承包权和土地经营权三种权利形态形成的地权结构，从法理和立法上可基本清楚地界定其各自的含义和实现措施或途径，但由于对集体所有权的基本内涵的认识存在分歧，也由于未充分认识到家庭承包经营在农村基本经营制度中的基础性地位，因而对如何调整集体所有权和土地承包经营权的关系，人们的认识还不统一。

尽管立法明确了土地承包经营权的独立的法律地位，土地承包经营权流转的法律机制也基本能够满足实践的需求，但由于忽视了土地承包经营权流转的决定因素是供需关系而不是行政力量这一市场交易规律，以集体所有权的名义推动土地承包经营权流转的现象便可能发生。放活土地经营权，进而实现土地经营权的独立地位，是基于土地承包经营权流转而产生的法律后果。对这一法律后果的性质的认识，应根据具体情况来判断，而不能预先设定一个单一标准，并以此标准来评判土地经营权的性质。不分土地流转的具体形式，而一概将土地经营权界定为物权或债权，既可能侵害农户的承包权，也不利于土地流转情形下的土地经营权权能的准确界定。

确权颁证、还权赋能是农村土地制度改革的目标。问题在于，要确什么权、还什么权，这些权的权能如何保障，权利证书的效力如何等问题，缺乏一致性的政策和法律表达，也缺乏有效的保障手段和救济措施。

3. 抵押标的单一化不能满足实践需要

以承包地的经营收益抵押融资，为经营者改善经营条件提供了可能。但抵押标的的单一化可能会影响这一政策的实施效果。承包地的经营收益是一种收益权，这种收益权在担保体系中属于何种类型，将其作为抵押标的是否恰当，也有待进一步研究。

还应当看到，新型农业经营主体制度建设存在诸多问题，可能主要在于人们对不同性质的经济组织的结构及其相应的主体责任规则缺乏必要的认识，以及利用政府的扶持政策（如支持合作社、家庭农场发展）"搭便车"。

三 "三权分置"的实现形式

实现"三权分置"的基本思路是，通过农民集体成员权制度建设和集体所有权制度重建，在坚持土地承包关系长久不变的基础上，进一步实现集体所有权、农户土地承包权和土地经营权的独立的法律地位。

为实现集体所有权，应当明确农民集体成员权的取得和丧失规则，更新农民集体所有权和农民集体成员权行使规则；根据主体构成、主体责任能力、产权结构等因素，区分农民集体所有的不同形态，以明晰集体产权主体和集体土地产权归属。

农民集体成员取得的土地承包经营权属于用益物权，土地承包关系应维持长久不变。对二轮承包时放弃承包地的农民集体成员再主张承包地的争端，可根据不同情形制定争端解决规则，以维护土地承包关系的稳定性。二轮承包后农民集体内的人地比例失衡，应通过土地流转交易机制和劳动力转移而不应通过土地再分配来解决。

在土地经营权具有物权效力的情形下，它取代了原土地承包经营权的法律地位，农户的土地承包经营权消灭。土地承包经营权转让属于物权处分的法律行为，其转让无须发包方同意。在土地经营权具有债权效力的情形下，土地承包经营权人保有承包权，土地经营权人取得的土地经营权受债法调整。

（一）集体所有权的实现，需要着眼于农民集体成员权制度的重建

以户籍为主要标准的农民集体成员权取得规则，已不适应当前社会经济条件的急剧变化，而需构建新的成员权取得规则。其中的难点在于，农民集体的成员应归于何种集体。农村集体经济组织与村民自治组织合二为一时，谁能取得农民集体的成员资格一般不会成为问题，而当农村集体经济组织与村民自治组织可以区分或集体经济组织有名无实时，要明晰农民集体的成员是何种集体的成员就显得有些棘手。因此，实现"三权分置"中的集体所有权，应当明确集体成员的范围以及成员是何种集体的成员。

从稳定土地承包关系考虑，农户取得承包地时具有承包资格并参与土地分配的即为农民集体成员，享有承包权。这种农民集体成员，与以经济组织章程为基础、体现为不同形态的集体经济组织成员不是同一概念，与村民自治组织成员也不是同一概念。在没有进行集体产权制度改革的地方，即使农村集体经济组织成员与村民自治组织成员重合或大部分重合，基本上不会影响上述农民集体成员的识别和认定。简言之，

通过保障农民集体的成员权来实现集体所有权。以传统的所有权权能来衡量集体所有权，既不利于农民集体成员权制度建设，也不利于农村社会经济条件发生根本性变化后集体所有权制度的重建和农村基本经营制度的更新。

（二）农户土地承包权的实现

农户承包权的实现，要在保障农民集体成员初始取得承包地的权利的前提下，维护土地承包经营权制度的稳定性。农户承包权属于用益物权的范畴，其取得基础是成员权。农户土地承包权的行使和处分，一般情况下由用益物权规则调整。

（三）土地经营权的实现

为促进农地适度规模经营，应在完善土地承包经营权制度的基础上，推动农地经营主体的多元化，进一步赋予农地经营主体独立的土地经营权，保障经营者的权益和合理预期。在发生土地承包经营权流转的情形下，应将土地经营权独立分置。

进一步说，在土地承包经营权不发生流转的情形下，不存在承包权和经营权的分置，此情形下的农户承包权和土地经营权同时归属于土地承包经营权人。在土地承包经营权流转发生物权效力的情形下，农户的土地承包经营权消灭，受让人取得土地经营权，该项权利属于用益物权，由用益物权规则调整。在土地承包经营权流转发生债权效力的情形下，产生农户承包权和土地经营权并存的法律后果。

总之，实现"三权分置"，其现实意义主要体现为集体所有权、农户承包权和土地经营权的法律地位是各自独立的，不同权利主体的法律地位平等，可各自行使和处分其权利。由于农用地流转交易以经营权为主，放活土地经营权政策的实施应当着眼于农户土地承包权和土地经营权的关系的调整。

四 完善"三权分置"的建议

地方实践和学术研究为"三权分置"的推进积累了丰富的经验，为相关法律的修改和制定提供了基础性支持。为进一步完善"三权分置"，提出以下建议。

（一）提高土地确权登记的科学化水平

1. 关于土地承包经营权登记

土地承包经营权登记是推行"三权分置"的一项基础性工作。从目前土地承包经营权登记的推进情况看，确权颁证遇到了与现行制度相冲突或不好操作等问题，[①]因此需探索切实可行的操作办法。

2. 关于土地经营权登记

在推行"三权分置"的实践中，有的地方给土地经营权人颁发土地经营权证。从权证内容看，其是租赁权的一种权利凭证。这种权利凭证的优越性在于，可以强化土地经营权的法律地位。

土地经营权登记可以采取两种办法：第一种办法，不突破现行立法框架，即不单独颁发土地经营权证，而在土地承包经营权证中记载土地经营权的内容。第二种办法，突破现行立法框架，单独颁发土地经营权证，即土地承包经营权发生流转时颁发给土地经营权人与其权利性质相对应的权利凭证，如土地承包经营权转让情形

---

① 张晓山：《关于农村土地承包经营权确权登记颁证的几个问题》，《上海国土资源》2015 年第 4 期。

下产生的土地经营权是与土地承包经营权性质相同的用益物权。另外，由于土地承包经营权登记是以农户为单位的权利登记，在颁发土地经营权证时，需要注意与土地承包经营权证的衔接，载明土地经营权的来源，以保障土地承包经营权人的权益。

（二）修改不适应社会经济发展需要的法律规则

为适应农村基本经营制度转型的现实需要，进一步推进"三权分置"，农村土地承包的相关法律制度需要修改。修法时需要考虑的问题主要包括以下方面。

1. 更新集体所有权制度，完善集体成员权规则

为贯彻《物权法》关于农民集体所有权和农民集体成员权的规定，需明确农民集体成员权取得和消灭的基本规则。其主要内容是：在实施二轮承包时享有取得承包地资格的人，享有农民集体成员权，以及依法行使集体所有权的权利。农民集体成员应当固化，此后不再调整或变更；农民集体成员行使（处分）其基于成员资格的财产权时，不同的法律行为将产生不同的法律后果，进而适用不同的财产权规则。

代行集体所有权的组织行使集体所有权时，应取得

农民集体三分之二以上成员的授权，并依据代理规则承担相应的法律后果，以此保障农民集体成员的撤销权，避免"反客为主"。区分集体所有权的不同形态和不同主体，建立主体责任制度，以实现产权明晰。

2. 重建土地承包经营制度

家庭承包经营是农村基本经营制度的基础，应予坚持。同时，为适应家庭承包经营形态的多元化这一根本性变化，应重建土地承包经营制度，更新土地承包经营权实现机制。

（1）在将来较长一个时期内，以家庭为基本单位的农业生产经营仍然是农业生产经营的主流，家庭承包经营的基础性地位应予维持。其法律含义是，农民集体成员享有土地承包经营权。农民集体成员取得土地承包经营权后，享有耕作和依法处分其承包地的权利。农民集体成员取得的土地承包经营权属于用益物权。二轮承包后农民集体内的人地比例失衡问题，应通过土地流转交易机制和劳动力转移来解决，而不应采取土地再分配的办法。

（2）由于农地租赁市场已基本实现了开放化，也由于农村税费改革后转包这一土地承包经营权流转方式实际上已丧失其存在价值，因此，应当取消出租和转包相区别的做法，建立统一的土地承包经营权租赁机制。

（3）土地承包经营权转让属于物权处分的法律行为，因而其转让无须发包方同意，发包方的权利在土地承包经营权人取得该项权利时已得到体现。

（4）土地经营权的性质应根据土地承包经营权流转方式来确定。在土地经营权具有物权效力的情形下，它取代了原土地承包经营权的法律地位，农户的土地承包经营权消灭。在土地经营权具有债权效力的情形下，土地承包经营权人保有承包权，土地经营权人取得的土地经营权受债法调整，土地经营权的期限由双方当事人约定。

不宜将土地托管作为土地流转的一种方式。土地托管或半托管在一些地方兴起，这可以提高生产效率，促进专业化分工，但这种生产经营方式不涉及地权的移转。

（5）财产权主体制度和经济组织的基本原则、规则适用于土地经营权人。土地经营权人可以体现为不同的主体结构或形态。新型农业经营主体、新农人等说法表达的是土地经营方式或土地经营权主体身份的变化，而不能表明需另行创设土地经营权主体制度，使其有别于权利性质和组织结构相同或相似的其他主体。

鉴于实践中农业经营主体类型的划分缺乏科学、统一的标准，应根据财产权主体制度和设立经济组织的基本原则、规则，区分不同类型的农业经营主体，避免不同性质和组织结构的农业经营主体混同，以明确其责任能力。

（6）为实现农地管制，土地经营的准入资格、土地经营规模上限等，可通过特别法解决。不同的土地经营方式和经营目标对土地规模经营的要求不同，需要制定差别化的标准。

对大规模或较大规模的土地流转，应建立可行的风险评估机制和风险防范机制。风险评估机制应引入第三方评估，以保证评估的中立性和客观性。在风险评估的基础上，完善风险准备金制度，以应对可能发生的地权争端和社会冲突。

另外，关于土地承包经营权抵押的禁止性条款，在试点地区已暂停实施。由于这些禁止性条款违背了市场交易的基本要求，在总结试点经验的基础上，修法时应当一并修正。土地承包经营权的继承应当得到承认。

（三）进一步探索争端解决机制

为推进"三权分置"，解决土地权属登记难以推进、土地流转纠纷司法缺位等难题，应重建有效的多元化争端解决机制，特别是在某些情形下应当启动司法力量，通过司法裁决解决争端。

第三章 贯彻落实农村土地承包关系长久不变的方案设计

2008 年中共十七届三中全会提出保持现有承包关系稳定并长久不变，此后中央一号文件多次提出要抓紧研究现有土地承包关系保持稳定并长久不变的具体实现形式，完善相关政策和法律制度。2013 年中办、国办下发的《深化农村改革综合性实施方案》中进一步提出："抓紧修改有关法律，落实中央关于稳定农村土地承包关系并保持长久不变的重大决策，适时就二轮承包期满后耕地延包办法、新的承包期限等内容提出具体方案。"本章旨在探讨农村土地承包关系长久不变的方案与措施，主要包括四个部分：第一部分，分析农村土地承包关系长久不变的内涵；第二部分，分析落实农村土地承包关

系长久不变面临的挑战；第三部分，讨论农村土地承包
关系长久不变的期限设定；第四部分，是相关的政策及
法律修订方面的建议。

一　对农村土地承包关系长久不变
具体含义的理解

目前，中央政策层面尚未就农村土地承包关系长久
不变做出具体规定，但社会各界从不同角度做出了多种
解释。我们认为农村土地承包关系长久不变的内涵至少
应该包括以下三个方面。

（一）土地家庭经营形式长久不变

改革开放以来，家庭承包经营一直是中国农业生产
中的基本经营形式。《宪法》第八条规定，"农村集体经
济组织实行家庭承包经营为基础、统分结合的双层经营
体制"。中央提出农村土地承包关系长久不变，意味着中
国将一直坚持农村土地由家庭承包经营这种经营形式长
久不变，集体直接经营、公司直接经营、农民合作社直
接经营等经营方式将始终是非主导性、补充性的经营

形式。

坚持家庭承包经营基础地位的合理性基于农业生产中的自然再生产与经济再生产相统一及中国人多地少的基本国情。这种合理性也被中国改革开放前后的实践所证实。近年来，社会各界对家庭承包经营合理性的质疑声越来越多，主要理由是：经营规模小，经营粗放乃至撂荒，与市场对接困难等。但是，地方实践表明，这些问题完全可以通过组织创新而得到解决。

（二）承包期内农户与集体之间的承包关系长久不变

农村土地承包关系长久不变，内在地包含着在承包期内农民土地承包经营权"长久不变"，不受侵害。现有政策和法律规定已经就此做了明确规定。例如，《农村土地承包法》第二十六条规定："承包期内，发包方不得收回承包地。"第二十七条规定："承包期内，发包方不得调整承包地。"第三十五条规定："承包期内，发包方不得单方面解除承包合同，不得假借少数服从多数强迫承包方放弃或者变更土地承包经营权，不得以划分'口粮田'和'责任田'等为由收回承包地搞招标承包，不得将承包地收回抵顶欠款。"但在实践中，这些法律规定并未很好地落实，存在着基层政府及村集体以各种理由收回或频繁调整农民承包地、损害农民土地承包经营权的现象。近年来，中央提出实行农村土地的集体所有权、农户承包权和土地经营权"三权分置"，但一些地方割裂农村土地三权之间的关系，以发展集体经济和落实土地集体所有权名义，把农民承包地收回来，建立集体农场，农场内部实行以场核算、统收统支、承包到人、以产定酬、工资包底的制度；有的把农民承包地收回后，以集体的名义再进行转租或重新发包，进而再分片、分块承包给农户经营。这些做法不符合家庭承包经营制度，不利于保护农民在土地流转中的主体地位，不利于保护农民的土地经营权。

概而言之，在中央政策及相关法律法规已经对农民土地承包经营权做出明确规定的情况下，中央仍然一再强调"赋予农民更加充分而有保障的土地承包经营权，现有土地承包关系要保持稳定并长久不变"，就是试图纠正基层各种侵害农民权利的行为。

（三）土地承包权的权能更加完整

《农村土地承包法》和《物权法》等国家法律已经

赋予了农民对承包土地享有占有、使用、收益和流转的权利。其中，流转权利包括承包期内农户可以按照依法、自愿、有偿原则采取转包、出租、转让、互换等形式流转，也可以将土地承包权入股从事农业合作生产。这些权利构成了土地承包权的权能结构，这是法定权利，是设立在农村集体土地所有权上的用益物权。

但是，在现行法律下，土地承包权的权利内容仍不完整，土地承包权的流转和处置权能仍然受到一定限制，主要表现在以下几个方面：土地承包权的法定承包期短，而流转的期限又不得超过承包期的剩余年限；集体承包土地的土地承包经营权的抵押没有得到法律许可；土地承包经营权的继承在法律上没有得到明确表述，法律只是规定继承人可以继承承包人应得的承包收益和继续承包。

2008 年中共十七届三中全会通过的《中共中央关于推进农村改革发展若干重大问题的决定》中指出，"赋予农民更加充分而有保障的土地承包经营权，现有土地承包关系要保持稳定并长久不变"。这一表述表明，农村土地承包关系长久不变的前提条件是，农民的土地承包经营权是"充分的""有保障的"。相应地，农村土地承包关系长久不变的内涵就应包括土地承包经营权的权能完整。贯彻落实农村土地承包关系长久不变,理应赋予农民土地承包权更加完整的权能,正如中共十八届三中全会通过的《中共中央关于全面深化改革若干重大问题的决定》中提出的,"稳定农村土地承包关系并保持长久不变,在坚持和完善最严格的耕地保护制度前提下,赋予农民对承包地占有、使用、收益、流转及承包经营权抵押、担保权能,允许农民以承包经营权入股发展农业产业化经营"。

二 落实农村土地承包关系长久不变面临的挑战

(一) 农民对土地承包经营权的成员权意识

农民较为普遍地认为集体土地和其他资产的权益是成员权。从权利属性上看,成员权是一种个人财产权利,只要是农村集体经济组织的成员,其就有取得农村土地承包权和分享因集体土地所产生利益的权利;而随着成员的离开或去世,这种权利就相应消失。一些在二轮承包期内新增人口较多的家庭,往往以成员权的理由而要求调整土地分配关系。

二轮承包以来社会经济条件变化及家庭人口结构变化，在一定程度上强化了农民对土地承包经营权的成员权意识。第一，在二轮承包时一些农民有意放弃了土地承包权，其主要原因是当时的承包权物权属性尚未被确立，而且土地税赋重。在农民土地承包权已经被法律确定为用益物权、承包期限被"长久化"而且土地税赋已经被取消的背景下，那些当时主动放弃承包地的农民有要回承包地的意愿。例如，2014年我们在江苏省太仓市调研时，该市的干部介绍说：1998年确权的土地面积为36万亩，老百姓放弃的地有4万多亩，2003年取消农业税后，之前放弃的农民就都来要地。第二，在第二轮土地承包时，许多地区发包土地时考虑了不同地块土地肥沃程度等影响单位面积产量的因素。其结果是，尽管土地的分配原则通常是以户为单位、按人口或劳动力分配，但同样人口和劳动力的农户所分到的承包地面积可能是不一样的，拥有更肥沃土地的农户所分得的土地面积就小。随着农业技术水平的提高，不同地块之间单位面积产量的差异性越来越小。相应地，农民有了依据土地真实数量进行分配的要求。第三，一些地方在二轮延包时没有再根据家庭人口的多少重新调地，几十年过来之后，不同家庭之间的人均土地占有量有很大差异，再加上土地承包权物权化和土地收益提升，那些人多地少的家庭调整土地分配的意愿较强。

（二）具体的政策规定缺失

稳定农村土地承包关系是党和政府在农村土地政策上一以贯之的政策取向。1984 年中央一号文件指出，"土地承包期一般应在十五年以上"。1993 年《中共中央、国务院关于当前农业和农村经济发展的若干政策措施》指出："以家庭联产承包为主的责任制和统分结合的双层经营体制，是我国农村经济的一项基本制度，要长期稳定，并不断完善。为了稳定土地承包关系，鼓励农民增加投入，提高土地的生产率，在原定的耕地承包期到期之后，再延长三十年不变。"2003 年开始实施的《中华人民共和国土地承包法》进一步以法的形式规定："耕地的承包期为三十年。"2008 年中共十七届三中全会通过的《中共中央关于推进农村改革发展若干重大问题的决定》指出，"赋予农民更加充分而有保障的土地承包经营权，现有土地承包关系要保持稳定并长久不变"。

在通常情况下，中央及中央有关部门应紧接着出台具体的政策解释和指导意见，并着手启动相关法律的修改工作。但实际上，这些早该进行的工作因种种原因一再拖延，一直没有出台具有具体政策内涵和可操作性的政策措施、规范性文件。党的十八届三中全会《决定》延续了十七届三中全会《决定》的提法。2010 年中央一号文件提出，"完善农村土地承包法律法规和政策，加快制定具体办法，确保农村现有土地承包关系稳定并长久不变"。中共中央办公厅、国务院办公厅印发的《深化农村改革综合性实施方案》的提法仍然是："抓紧修改有关法律，落实中央关于稳定农村土地承包关系并保持长久不变的重大决策，适时就二轮承包期满后耕地延包办法、新的承包期限等内容提出具体方案。"中央没有出台具体的可供操作的政策解释和指导意见，与农民土地承包权问题的复杂性和敏感性有直接关系，但由此也导致了农村土地承包关系的政策迟迟得不到真正落实。

（三）法律滞后及法律规定之间的不一致

一方面，《农村土地承包法》第五条规定，"农村集体经济组织成员有权依法承包由本集体经济组织发包的农村土地。任何组织和个人不得剥夺和非法限制农村集体经济组织成员承包土地的权利"，从而提出了集体经济组织成员的概念。《物权法》第五十九条规定，"农民集体所有的不动产和动产，属于本集体成员集体所有"。上述法律规定所涉及的是农民对农地的成员权，其中隐含着"天赋地权"的思想。成员权是一种个人权利，随着成员的离开或去世，这种权利就消亡。另一方面，《农村土地承包法》第二十六条规定："承包期内，发包方不得收回承包地"；第二十七条规定："承包期内，发包方不得调整承包地"；第三十二条规定："通过家庭承包取得的土地承包经营权可以依法采取转包、出租、互换、转让或者其他方式流转"。上述政策和法律规定所涉及的是农民对农地的用益物权，其中隐含着"生不增、死不减"的财产权利原则。在实践中，上述个人权利与财产权利必然会出现冲突，两种权利的诉求都可以找到法律依据。

一些地方尝试结合农村土地确权登记颁证工作，探索农村土地承包关系跨越二轮承包期的"长久不变"。但因为上述障碍因素，这种探索的效果具有很大的不确定性。

　　四川省成都市的实践探索，在一定程度上反映了农村土地承包关系长久不变面临的困境。成都市是较早开展并完成了全域农村土地确权工作的先行试点地区。其土地确权的特点包括：（1）在承包期限一栏里明确将过去二轮承包时的"30年"变成了"长久"。（2）在农业部核发的统一格式的农村土地经营承包权页上明确标注了每块土地的四至等信息。（3）在各家各户家庭承包经营权证的基础上制作了村镇的土地鱼鳞图。（4）规定发包之后新增人口不再是集体经济组织成员。（5）确权之后的征地按照"征谁补谁"的原则进行，且不再进行新一轮的土地调整。（6）以村民代表会议和村民大会的形式对确权的方案和结果给予确认，履行法律程序。可以看出，与全国其他地区相比，成都市的确权方案更加激进和彻底，其相当于依靠地方政府的权威终止了农村集体经济组织的发包权和农民基于集体经济组织成员身份取得的承包权，而代之以农户对农地的用益物权。但是，由于缺乏中央更加权威的意见，确权后土地调整现象仍然存在，根据多宗调查发现，一旦遇到牵涉征地补偿等土地利益陡升的情况，虽然当初确权颁证的工作比较扎实、可靠，且政府三令五申，以红头文件的形式明确新征地执行"征谁补谁"的政策，但农民往往仍然会依据《宪法》《土地承包法》和《村委会组织法》赋予的权利，通过召开村民会议和投票表决，要求征地补偿在集体经济组织内部全体成员中均分，再重新分配剩余土地的所谓"血战到底"的方式来解决问题。此时，地方政府颁发的四至清晰的土地证备显苍白。

三　农村土地承包关系长久不变的期限设定

贯彻落实农村土地承包关系长久不变政策的关键是"长久不变"的期限设定，具体包括"长久不变"是否应有一个明确的期限、有效期限的长短和实行"长久不变"的起点三个问题。

（一）是否有必要设置具体的承包期

中国第一轮农村土地承包期为 15 年，第二轮农村土地承包期为 30 年。党和政府的有关文件历来强调稳定农村土地承包关系，2008 年中央将维持农村土地承包关系"长期不变"修改为"长久不变"。在如何落实"长久不变"这一问题上，一种观点认为，"长久不变"的农村土地承包关系就是没有承包期的承包关系，只要承包者履行承包合同中所规定的责任和义务，农民与集体的土地承包关系就永不变化，即"生不增，死不减"，家庭承包土地的数量和位置不因人口变化而变化。

我们倾向于采取有期限的"长久不变"。主要理由：一是中央提出农村土地承包关系"长久不变"的目的，仅仅是表明党和政府稳定土地承包关系的坚定决心，给农民以稳定的预期，而不是说要采取无期限的永久承包。二是如果不设承包期限，土地承包经营权则逼近集体土地所有权，容易误读为推行土地私有。三是有了明确的承包期，可以更方便地解决确定土地流转费、土地征收款等方面的问题。四是有利于保持现有土地承包政策的稳定和延续。

（二）延长农民土地承包期的理由及理想期限

稳定和长期的承包关系对促进农户增加农业投资有正向影响，这一因素是国家规定土地承包期限和延长土地承包期限的重要理由。在二轮 30 年承包期到期后，有必要继续延长农民土地承包经营权的期限。

1. 有利于促进农业适度规模经营

近年来，农村土地经营权流转规模呈现加速扩大的趋势。有关资料显示，全国已有超过三分之一的承包土地流转了出去，每年新增流转面积 4000 多万亩。但是，经实地调研发现，土地流转的势头有放缓特征。例如，根据课题组 2016 年 7 月对河南省济源市的调查，该市的土地流转率从前几年高峰期的 70%，下降到目前的 50% 左右。之前流入土地可以得到政府财政补贴，现在补贴没有了，农业生产又有较大的市场风险和自然风险，一些先前流入土地的新型农业经营主体，出现了毁约行为。可以预计，随着二轮承包期到期越来越近，农业规模化经营的势头会呈现停滞甚至萎缩的趋势。延长承包期，可以稳定那些流入土地的新型农业经营主体的预期。

2. 有利于进一步完善农民土地承包经营权的权能

目前，国家政策层面已经明确要求赋予农民土地承包经营权更加完整的权能，并积极推动地方试点，探索可供大范围推广的经验。2015 年 12 月，十二届全国人大常委会第十八次会议提出拟在北京市大兴区等 232 个试点县（市、区）行政区域，暂时调整实施物权法、担保法中关于集体所有的耕地使用权不得抵押的规定，允许以农村承包土地（耕地）的经营权抵押贷款。农地承包经营权抵押贷款的基础是其未来的收益权。收益权不是具体或具有实物形态的财产，而是依存于未来的可得收益，需要以稳定、持续的收益为前提。承包期限越长，越有利于得到更大数额的贷款。同时，一些新型农业经营主体以其农业设施进行抵押融资，但这些设施附着在土地上，承包期短，银行对农业设施价值评估价就低。从一些地方的实践看，新型农业经营主体仅仅能得到农业设施评估价一半的贷款。从解决新型农业经营主体融资难的角度看，延长承包经营权期限也有合理性。

3. 农民对更长承包期的承受能力提高了

我国大多数村庄二轮承包后对承包地分配没有再做过较大的调整。一些地方还明确实行"生不增、死不减"的模式，即土地承包期内农户的土地不因人口的增减而变动。例如，贵州省委 1997 年下发文件规定，从 1994 年起，耕地承包期再延长 50 年，林地承包期再延长 60 年，在承包期内，增人不增地，减人不减地。经实地调研发现，这种以户为单位的"生不增、死不减"固化模式，并没有对农民的生活状况形成大的冲击。从全国总的情况看，农民来自土地的农业收入在其总收入中的比重持续下降。这表明土地对农村人口的生活保障功能逐渐弱化,"生不增、死不减"越来越容易被农民所接受。在这一背景下,实现土地承包经营权跨越承包期限的"长久不变"已具备了一定的条件,有可能将土地的"公平"功能转为"效率"功能。

至于农村土地承包期的期限,可以参照现行有关法律关于城镇居住用地使用权、林地承包权都为 70 年的年限规定,将"长久不变"的承包期限定为 70 年。将"长久不变"定为 70 年有以下几点好处:第一,这个时限涵盖了劳动力的整个生命周期,对生产决策的稳定性足够产生影响。第二,将农村土地使用权定为 70 年有利于城乡土地平权。第三,为"永久不变"规定年限,可以将其与真正"永久不变"的土地私有制区分开来。第四,可以在 70 年后统筹开展再次分配。

(三)农村土地承包关系长久不变的时间起点

关于农村土地承包关系长久不变的起点设定问题有以下三种主张:第一种主张是以二轮 30 年承包期生效的时点为起点;第二种主张是以土地确权登记颁证的时点为起点;第三种主张是以二轮 30 年承包期到期后的时点

为起点；我们倾向于选择第三种方案，即以二轮 30 年承包期到期后的时点作为"长久不变"的起始点。其主要理由是：

1. 有利于维护政策和法律的稳定性、严肃性

农村土地制度改革应"于法有据"。二轮延包的概念已经在广大农民和基层干部中深入人心。若二轮延包尚未期满，就宣布执行"长久不变"，有可能导致公众质疑国家政策和法律的稳定性、严肃性。

2. 有利于"长久不变"的农村土地承包关系有一个较为公平的起点

农村土地制度是农村最基础的制度安排，直接影响到农民的基本经济利益，公平是中国农村土地制度的价值取向和内在要求，"长久不变"时间起点的设置应考虑初始公平。以农村土地二轮承包关系确立的时点和以土地确权登记颁证的时点作为"长久不变"的起始点都存在着公平性不足的问题。

前已述及，在二轮承包时一些农民有意放弃了土地承包权，如果以二轮承包关系为基础的土地确权结果作为"长久不变"的起点，对这些当初自愿放弃部分或全部土地承包权的农民来说是有失公允的。在第

二轮土地承包时"以产量折面积"的土地分配方式，随着农业技术的变化也会引起农户之间享有土地权利的不公平。

把确权登记颁证的时点作为长久不变的起始点，可以调动农民参与确权的积极性，并使确权工作产生直接的经济价值。但很多地方的确权工作已经完成，而确权的质量偏低。实地调查发现，各地普遍采取的办法是对当前农地承包经营格局直接"认定确权"，即以现有承包台账、合同、证书为依据确认承包地归属，原土地承包关系不变，承包户承包地块、面积不变，二轮土地承包合同的起止年限不变。以土地确权颁证为"长久不变"的时间起点显然不能实现起点公平。

在二轮承包期结束后实行"长久不变"的新一轮承包，也无法解决起点公平问题，但就目前来说，这是没有更好办法的办法。通过把矛盾和问题后移，可以有更充裕的时间处理历史遗留问题并以"大稳定，小调整"的方式来解决人地关系矛盾，减少农户人均占用土地数量的差异，从而使得"长久不变"的农村土地承包关系有一个较为公平的起点。

四 贯彻落实农村土地承包关系长久不变的
政策建议与法律修订

（一）进一步明确"长久不变"承包关系的期限设定

在农村土地二轮承包期到期之前，充分尊重群众的意愿，将土地是否调整、如何调整等交由集体经济组织成员讨论解决，群众有调整土地要求的，可以本着"大稳定，小调整"的原则，经过充分商量，由集体统一调整。在农村土地二轮承包到期后，再延长七十年不变，实行"增人不增地，减人不减地"，以户为单位实现农村土地承包经营权长久不变，外嫁女、入赘婿、新生儿等家庭成员变动所引起的土地余缺问题在户内自己解决。

为了促进上述方案的顺利实施，有必要适时出台相关的政策和启动相关法律的修订。

1. 适时制定农村集体经济组织条例

以确定"集体成员"为突破口，解决集体土地资源和经营性资产量化的成员边界问题。可以借鉴各地的条例和办法，以国务院的名义尽快出台农村集体经济组织条例。主要明确农村集体经济组织的法人地位、经济类型，成员资格的界定、成员的权利和义务以及成员的进入和退出的相关制度安排。

2. 加快进行《农村土地承包法》的修订工作

《农村土地承包法》的修订要与《物权法》一致，将集体经济组织成员集体所有的概念具体化；明确界定农地所有者、承包经营者、经营者各自的责、权、利。修改现有法律中涉及农民对集体土地和其他资产收益成员权的相关条款，使得农村集体组织内部新增成员不能通过国家法律规定来实现其经济利益诉求。将村民自治组织的功能和农民集体经济组织的功能区分开来，修订《中华人民共和国村民委员会组织法》，将第八条第二款"村民委员会依照法律规定，管理本村属于村农民集体所有的土地和其他财产，引导村民合理利用自然资源，保护和改善生态环境"，改为"村民委员会依照法律规定，引导村民合理利用自然资源，保护和改善生态环境"。

3. 建立由政府主导、面向失地少地农民的土地保障制度

完善对农村土地整理开发形成的新增土地、未发包地、预留机动地等的管理政策，将土地整理开发形成的新增土地、未发包的可利用土地、预留的机动地、交回和收回的承包地等优先安排给新增人口和失地少地的农民，建立由政府主导而不是由农民集体内部决策主导的新增人口、无地少地农民的土地保障制度。

4. 农村社会保障向失地少地农户倾斜

对于个别的确因失地少地导致生活困难的个体，将其优先纳入农村社会保障覆盖范围。伴随农村集体经济发展，提高对属于集体经济组织成员的无地农民的收益分红。

（二）落实农民承包权

1. 赋予农民土地承包权抵押、担保权能

党的十八届三中全会指出，"赋予农民对承包地占有、使用、收益、流转及承包经营权抵押、担保权能"。2014 年中央一号文件指出，"在落实农村土地集体所有权的基础上，稳定农户承包权、放活土地经营权，允许承包土地的经营权向金融机构抵押融资"。但现行法律对承包地的抵押和担保有严格限制。《担保法》第三十四条、《农村土地承包法》第三十二条以及《物权法》第一百八十四条都规定，只有通过家庭承包以外方式取得的土地承包经营权才可以抵押，而通过家庭承包取得的土地承包经营权不能抵押。

　　建议在总结地方实践探索尤其是试点地区经验的基础上，修订《农村土地承包法》，明确赋予土地经营权抵押、担保权能，为完善土地经营权权能提供法律依据，同时对《担保法》《物权法》中有关禁止性条款进行修订，使三部法律的规定保持一致。抵押、担保的具体办法由各地根据相关法律规定制定。

2. 赋予农民土地承包经营权入股权

　　《农村土地承包法》《物权法》规定，通过非家庭承包方式取得的土地承包经营权可以入股，但没有做出家庭承包经营土地权也可以入股的规定。按照《农村土地承包法》和农业部发布的《农村土地承包经营权流转管理办法》的规定，当前入股形式的土地流转严格限定在承包土地的农户之间。应修订《农村土地承包法》《物权法》，赋予土地承包经营权入股权。

3. 建立健全农村土地承包经营权退出机制

　　为解决城镇化进程中人口迁移导致的人地分离问题，需要建立健全农村土地承包经营权退出机制。越来越多的农民举家进城务工，很多地方正在试点土地承包经营权退出，他们退还给集体后，集体可以把这些土地分配给无地的新增人口。在自愿的基础上，将承包的土地、草地、林地全部或部分在本集体经济组织成员内有偿退出。

《土地承包法》第二十六条规定，"承包方全家迁入小城镇落户的，应当按照承包方的意愿，保留其土地承包经营权或者允许其依法进行土地承包经营权流转。承包期内，承包方全家迁入设区的市，转为非农业户口的，应当将承包的耕地草地交回发包方。承包方不交回的，发包方可以收回承包的耕地和草地"。该条款要求收回承包地的规定，既有失公允，同时，在执行中也由于涉及户籍登记等问题而难以操作。建议进行相关法律的修订。对于农民进城后的承包地处置，无论是全家进入小城镇还是迁入大城市，应允许、鼓励进城农户在一定期限内先将土地承包经营权转出，但不再强制收回。

第四章 新型农业经营体系建设的
进展、模式及建议

一 新型农业经营体系建设的政策背景

党的十八大以来，在坚持和完善农村基本经营制度的基础上，构建新型农业经营体系成为党中央建设现代农业的一项重要战略部署。

2012年党的十八大报告首次提出要"发展农民专业合作和股份合作，培育新型经营主体，发展多种形式规模经营，构建集约化、专业化、组织化、社会化相结合的新型农业经营体系"。2013年党的十八届三中全会通过的《中共中央关于全面深化改革若干重大问题的决定》进一步指出，要"加快构建新型农业经营体系。坚持家庭经营在农业中的基础性地位，推进家庭经营、集体经营、合作经营、企业经营等共同发展的农业经营方式创新"。《决定》强调"家庭经营"在农业中的基础性地位，有利于广大兼业承包农户承包权与经营权分离，将土地经营权流转给家庭农场、专业农户等新型经营主体，使商品型农户而不是生存型、自给型农户逐步成为家庭经营的主体力量，同时强调农业经营方式的多元化、多样化、多层次。2015 年党的十八届五中全会通过的《中共中央关于制定国民经济和社会发展第十三个五年规划的建议》，提出了"着力构建现代农业产业体系、生产体系、经营体系，走产出高效、产品安全、资源节约、环境友好的农业现代化道路"。并明确提出要"构建培育新型农业经营主体的政策体系"，将新型农业经营体系的建设置于构建现代农业体系中来，为现代农业产业体系、生产体系建设提供组织运行的载体支撑。并且，政府的政策导向从过去分别支持某一类型的经营组织（如合作社、家庭农场或龙头企业等），转向将各类新型经营主体作为一个整体，统一制定政策，反映出政府政策的优化与完善，充分体现出政府为各类市场主体营造公平竞争运行环境的行政理念。

　　根据党的十八届三中、五中全会精神，2013—2016年连续四年的中央一号文件均提出了关于新型农业经营体系建设的具体政策。

　　2013年中央一号文件提出要创新农业生产经营体制、努力提高农户集约经营水平，支持发展多种形式的农民合作组织，培育壮大龙头企业，并"要坚持主体多元化、服务专业化、运行市场化的方向，加快构建公益性服务与经营性服务相结合、专项服务与综合服务相协调的新型农业社会化服务体系"。文件明确了新型农业经营体系建设的基本原则和主要内容。

　　2014年中央一号文件明确要"以解决好地怎么种为导向加快构建新型农业经营体系"，并强调发展多种形式的规模经营、农民合作社和社会化服务，推行合作式、订单式、托管式等服务模式，构建新型农业经营体系。该文件还进一步提出了新型农业经营体系的具体运行模式。

　　2015年中央一号文件具体提出新型农业经营体系建设要"创新土地流转和规模经营方式，积极发展多种形式适度规模经营，提高农民组织化程度。鼓励发展规模适度的家庭农场，完善对粮食生产规模经营主体的支持服务体系"。该文件强调规模经营的适度性，以农户为载体发展家庭农场，围绕生产粮食的规模经营主体强化服务体系建设。

2016 年中央一号文件更加明确要"坚持以农户家庭经营为基础，支持新型农业经营主体和新型农业服务主体成为建设现代农业的骨干力量"，"完善财税、信贷保险、用地用电、项目支持等政策，加快形成培育新型农业经营主体的政策体系"，"积极培育家庭农场、专业大户、农民合作社、农业产业化龙头企业等新型农业经营主体。支持多种类型的新型农业服务主体开展代耕代种、联耕联种、土地托管等专业化规模化服务"。文件不仅明确了新型农业经营体系由新型农业经营主体和服务主体两大部分组成，而且提出了构建培育新型农业经营主体政策体系的重点内容。

从对党的十八大以来中央文件的简要梳理中可以看出，现代农业经营体系与产业体系、生产体系一起，构成了中国特色现代农业体系。以家庭承包经营为基础的新型农业经营体系由新型农业经营主体和新型农业服务主体组成，它们正在成为中国建设现代农业的主力军。本章第一部分考察了新型农业经营体系建设的政策背景；

第二部分分析了新型农业经营体系建设的现状；第三部分探讨了新型农业经营体系在现代农业建设中的作用及其面临的问题；第四部分提出了完善新型农业经营体系建设的政策建议。

二　新型农业经营体系建设现状

（一）新型农业经营体系的主体建设

1. 新型农业经营主体建设

家庭承包经营是中国建设现代农业的基本出发点，然而现阶段的家庭承包经营存在规模超小化、生产粗放化、经营分散化和兼业化等问题，严重制约了中国特色现代农业体系的建设。在农产品买方市场的硬约束和政策诱导新型农业经营主体创新的外部激励下，以家庭农场、专业大户、农民合作社和龙头企业等为代表的各类新型农业经营主体应运而生。它们以市场为导向，以适度规模经营为前提，以现代科技为支撑，以订单生产为保障，开展专业化、集约化、标准化的生产经营活动，努力提高全要素生产率，建设农产品供应链，追求利润最大化，促进了一二三产业的融合发展以及现代农业产业体系和生产体系的建设步伐。

目前，新型农业经营主体创新可以分为家庭经营、合作经营、企业经营三种基本类型。

一是家庭经营类主体，以家庭农场和专业大户为代表。其特点是：传统农户中的种田能手依托土地租赁、托管等形式，形成适度规模经营，从而在保持家庭经营的主要制度优势，如生产激励强、生产监督成本低等的同时，改变农业的兼业化现象，引领家庭经营农业向规模化、集约化、专业化、商品化于一身的独立市场主体转型。农业部公布的统计数据显示，截至 2014 年 11 月底，全国 30 个省、自治区、直辖市（不含西藏自治区）共有平均种植规模 200 亩的家庭农场 87.7 万家，经营耕地面积 1.76 亿亩，占全国承包耕地面积的 13.4%。[①] 截至 2013 年年底，全国经营面积在 50 亩以上的专业大户超过 287 万户。另据农业部种植业司 2013 年发布的数据，全国共有种粮大户 68.2 万户，占农户总数的 0.28%；种粮大户经营耕地面积 1.34 亿亩，占全国耕地

---

① 中国社会科学院农村发展研究所、国家统计局农村社会经济调查司：《中国农村经济形势分析与预测（2014—2015）》，社会科学文献出版社 2015 年版。

面积的 7.3%①。

二是合作经营类主体，以农民专业合作社为代表。其主要形式是以家庭经营为基础，农户"生产在家、服务在（合作）社"，通过合作社为农户提供产前、产中和产后环节的服务，克服家庭经营存在的"小而全，小而散"、信息不对称、市场导向差、生产技术水平低、生产成本高、市场谈判力弱等问题，农户联合起来形成规模经济，提升话语权。截至 2015 年年底，全国登记注册的农民合作社达 153.1 万家，比上年底增长 18.8%，实际入社农户 10090 万户，约占农户总数的 42%，较上年提高 6.5 个百分点。"十二五"期间，合作社数量增长近三倍，农户入社率提高近 31 个百分点。② 近年来，一些合作社之间发展联合组织，进一步提升为农户成员服务的能力和市场抗风险能力。农业部经管总站提供的数据显示，截至 2015 年年底，全国各类农民专业合作社联合社突破 7200 家，覆盖成员合作社 8.4 万家，带动农户

---

① 张红宇：《新型农业经营主体发展趋势研究》，《经济与管理评论》2015 年第 1 期。

② 《全国农民合作社发展部际联席会议第四次全体会议召开》，"新华网"，2016 年 3 月 21 日，http：//news.xinhuanet.com/politics/2016－03/21/c_ 128819262.htm。

560 多万户。①

　　三是企业经营类主体，以农业产业化龙头企业为代表。龙头企业通常以农产品为原料开展生产经营活动，为了保证企业对生产原料数量、质量和交货期的要求，它们通过订单农业形式或自建生产基地等形式与农户合作，一手连接市场，一手连接农户，引领农户参与现代农业建设。2014 年全国农业产业化龙头企业达 12.6 万家，销售收入达 8.64 万亿元，同比增长 9.9%。带动辐射的种植业生产基地面积占全国农作物播种面积的 60%，成为农业生产和农产品市场供给的主体。②

　　近年来，以投身农业创业的新农人为代表的新型农民职业群体正在成为新型农业经营主体建设的一支重要力量。新农人的主体来自农业产业外部，由返乡创业和城市下乡的中青年群体组成，他们具有企业家的冒险精

---

① 农业部农村合作经济管理总站：《中国农民合作社发展情况》，中国社会科学院农村发展研究所"农民合作社与农产品供应链网络建设"研讨会会议论文，2016 年 7 月 8 日（北京）。
② 中国社会科学院农村发展研究所、国家统计局农村社会经济调查司：《中国农村经济形势分析与预测（2014—2015）》，社会科学文献出版社 2015 年版。

神，文化素质较高，拥有一定的资本实力或技术特长，掌握现代经营管理技术，他们通过创业形式直接从事农产品生产经营或服务。农业部经管司的初步统计显示，截至 2015 年年底，包括农产品电商在内的新农人数量已达到 200 万人。①

2. 新型农业服务主体建设

近年来，在新型农业经营体系建设中，涌现出了一大批多种类型的新型农业服务主体，为广大小农户和新型农业经营主体提供各种专业化生产经营服务，主要分为合作服务型、企业服务型和科技服务型三种类型。

一是合作服务型。这种类型以专业服务型农民专业合作社为代表，如农机合作社、植保合作社、农资服务合作社、土地托管合作社以及灌溉服务合作社等，它们为其成员及周边农民提供各种专业化的服务，促进农业生产的专业化、规模化和标准化。以农机合作社为例，截至 2015 年年底，中国农机合作社数量已经达到 5.4 万家，比上年增加 4400 多家，服务总面积达到 7.12 亿亩，约占全国农机化作业总面积的 12%，服务农户达到 3887

---

① 张红宇：《新型农业经营主体与农业供给侧结构性改革》，《中国农民合作社》2016 年第 6 期。

万户,① 不仅促进了土地连片经营、加快了先进科技成果的推广,而且缓解了农村劳动力科技素质低和供给不足等问题,并且通过服务的规模经营降低了农业生产成本,提升了粮食生产的科技水平,成为引领农业现代化服务业的重要载体。

二是企业服务型。它是涉农企业或投资者从利润最大化角度出发,成立各类农业专业服务组织,为广大小农户和各类新型农业经营主体提供产前、产中和产后各个环节的生产服务。通过提供专业化的服务,推进了农业生产的标准化,为降低农药化肥的使用、改善土壤条件和生产环境、确保农产品质量安全提供了有利条件。

三是科技服务型。它是大专院校、科研单位或科技人员通过产学研、农科教相结合等方式成立的各类农业科技服务组织。它们的特点是以科技为先导,以科技项目转化为支撑,以提高农业效益为目标。近年来,各类农业科技服务组织的创新实践,加速了农业科技成果的转化和产业化,为农村培育了一大批实用技术人才,促

---

① 李庆东:《2015 全国农机合作社量增质升》,《中国农机化导报》2016 年 1 月 5 日。

进了现代农业的建设步伐。以科技特派员制度为例，据科学技术部农村科技司提供的数据，自 2009 年全面启动农村科技创业行动以来，目前全国科技特派员突破 70 万人，法人科技特派员单位近 4 万家，形成的科技服务组织 6 万余家，直接服务的农户达到 1250 万户。[①]

（二）新型农业经营体系的运行模式

集约化、专业化、组织化、社会化是新型农业经营体系的基本特征。新型农业经营主体和服务主体通过纵向合作、横向合作以及横向一体化和纵向一体化，相互支撑、相互促进乃至相互融合，初步形成分工协作、优势互补的新型农业经营体系。

目前，中国新型农业经营体系的基本运行模式可以简要地概括为以下三种基本类型：以"农户＋合作社服务"为代表的农户自我经营与服务模式，以"公司（龙头企业）＋合作社服务＋农户"为代表的农户与龙头企业的合作模式和以"适度规模经营农户＋企业化专业服务"为代表的市场化交易模式。

[①] 科学技术部农村科技司：《国家现代农业科技推广体系建设有关情况》，2016 年 8 月（未刊稿）。

1. 农户自我经营与服务模式

以"农户 + 合作社服务"为代表。自 20 世纪 80 年代农村全面实施家庭联产承包责任制以来，此模式就开始出现，它以解决农户开展农业生产遇到的各种困难与制约为目标。进入 21 世纪，尤其是 2007 年《农民专业合作社法》实施以来，"农户 + 合作社服务"模式迅速发展，针对个人解决不了、解决不好、解决了不合算等问题，农户按照自愿平等原则，联合起来成立合作社，在产前、产中、产后各环节开展合作，共担风险，共享收益。该模式的最大优势是合作社以成员的需求为导向开展服务，克服了单个农户在人力、资本、技术、市场信息等方面的限制，通过农户之间的联合与合作，增强其市场谈判力，降低市场风险，降低农业生产成本，提高农业生产效率，让农户共享组织化的收益。它是以家庭承包经营为基础的中国特色现代农业经营的重要模式，也是国际现代农业建设较为通行的一种模式。

2. 农户与龙头企业的合作模式

以"公司（龙头企业）+ 合作社服务 + 农户"为代表。它出现在 20 世纪 90 年代农产品卖难的市场背景下。最初的模式是"公司（龙头企业）+ 农户"，目的是依托龙头企业的带动作用，解决农产品价格剧烈波动造成的农户农产品"卖难"问题。但龙头企业在与千家万户的小农对接中存在着交易成本高、信息严重不对称、监督成本高等问题，双方违约现象严重。随着农民专业合作社的大力发展，"公司（龙头企业）＋合作社服务＋农户"模式逐步取代"公司（龙头企业）＋农户"合作模式，成为中国特色现代农业经营的一种重要模式。通过引入合作社这一中介载体，使得公司（龙头企业）与农户有了对接的组织载体，公司通过合作社为农户提供专业化的服务、技术指导、培训乃至资金支持，通过合作社保障订单合同履约，降低了公司与农户直接交易的高昂的执行与监督成本。这一模式既保障了公司对农产品数量、质量、交货期的要求，也为农户参与现代农业生产经营提供了技术、市场、资金支撑，双方的经营利益都得以增进。

3. 市场化交易模式

它以"适度规模经营农户＋企业化专业服务"为代表。近些年来，伴随政府政策的引导和市场化进程的不断推进，农机、植保、科技、仓储等农业专业服务主体蓬勃发展。它们以市场为导向，为农户提供从农资购买、测土配方施肥、新技术新品种应用、病虫害防治、施肥播种到收割、储藏，再到运输、初加工等各环节的菜单式服务。目前大量初具规模的生产专业大户、家庭农场、农业生产合作社等新型农业经营主体选择在市场上直接购买服务，以简便易行、低成本的交易模式实现生产经营所需，使得专业分工下的市场化交易模式成为中国特色现代农业经营体系建设的一种新兴模式，丰富了中国新型农业经营体系组织运行的模式创新。

三　新型农业经营体系的作用其及面临的问题

（一）新型农业经营体系在现代农业发展中的引领作用

1. 转变农业发展方式，促进适度规模经营

新型农业经营主体和服务主体的发展，为中国的现代农业生产经营引入了创新模式，解决了在农村劳动力大量转移和农村老龄化加剧的背景下"谁来种地"和"怎么种地"的问题，促进了土地适度规模经营。农业部的初步统计显示，截至 2015 年年底，全国承包

耕地经营权流转面积达到 4.43 亿亩，占承包耕地总面积的 33.3%，比 2014 年年底增长 10% 左右。其中，农民合作社流转了 8838 万亩耕地，吸引农户 1605 万亩耕地入股，统一经营面积超过 1 亿亩，占流转耕地面积的 20% 以上。[①] 适度规模经营带来了农业生产的集约化、专业化、组织化，推进农业生产转到以提高土地生产率、劳动生产率和资源利用率的现代生产方式上来。

2. 引入现代农业发展理念，加速现代科技成果在农业中的推广应用

兼业小规模农户在应用先进科技成果中存在经济效益不显著、内在动力不足等问题，科技推广始终面临着农户微观层面经济效益有限而全社会宏观层面生态效益和社会效益巨大的内在矛盾，因而不利于现代科技成果的推广和转化。新型农业经营主体和服务主体以追求市场效益最大化为导向，有着引入现代农业发展理念，使用先进科技成果提高农业生产效益、降低生产成本的内在动力，他们身先士卒，对周边农户直接起到领头羊的

---

① 张红宇：《新型农业经营主体与农业供给侧结构性改革》，《中国农民合作社》2016 年第 6 期。

带动示范效用，从而可以加速现代科技成果在农业中的推广应用。

3. 推进农产品的标准化、品牌化生产，促进农产品质量安全建设和农业可持续发展

分散农户生产存在生产不规范、农业投入品使用随意性强、产品品质差异大等问题，新型农业经营主体和服务主体从自身利益最大化出发，在生产经营和服务中自觉采取标准化生产或服务，以降低生产或服务成本，并确保产品或服务的内在一致性，实现品牌化效应。越来越多的新型农业经营主体为提升产品的市场竞争力和附加值，开展了农产品地理标志和绿色、有机、无公害产品认证，建立起完善的农产品质量安全追溯制度，从而全面推进了农产品生产的标准化和品牌化，并促进了农业的可持续发展。到 2015 年，全国有 5 万多家农民合作社注册了商标，3 万多家农民合作社通过了无公害、绿色、有机等产品质量认证;[①] 全国省级以上龙头企业中，来自订单生产和自建基地的

---

① 张少雷:《全国百家合作社百个农产品品牌发布》，"中国网"，2015 年 11 月 7 日，http://www.china.com.cn/city/2015 - 11/07/content_37005198.htm。

采购额占农产品原料采购总额的 67%，产品通过各类质量体系认证的占 74%，获得省级以上名牌产品和著名商标的超过 50%；另外，74.8% 的新农人有自己的品牌。①

4. 助推一二三产业融合发展，促进广大农户分享现代农业的发展成果

新型农业经营主体正在以多种方式推进农村一二三产业融合发展。一是以农民合作社、农业公司为代表，直接创建初级农产品加工企业，延伸产业链条，建设从田间到餐桌的农产品全产业链，让广大农户有机会分享农产品增值的收益。二是以休闲旅游观光合作社、农业开发公司、生态家庭农场等为代表，大力发展旅游观光休闲养生等特色现代农业，引导农户通过土地承包经营权入股参与资源开发，发掘农业的多功能性，拓展农户的收入增长源。此外，在市场机制的倒逼下，龙头企业与农户的合作关系在逐步走向契约化，通过农户土地保底分红、参与收益分享以及提供生产成本价保护等方式，与农户形成紧密的利益联结机制。

---

① 张红宇：《新型农业经营主体与农业供给侧结构性改革》，《中国农民合作社》2016 年第 6 期。

（二）新型农业经营体系建设面临的问题

1. 新型农业经营主体和服务主体整体竞争力较弱

总体来看，目前中国新型农业经营体系创新还处在起步阶段，新型农业经营主体和服务主体以小微企业为主，普遍存在着生产经营和服务规模小、自有资产少、专业技术和人才缺乏等问题。在现代农业经营体系中，这些新型农业经营主体和服务主体抗风险能力弱，市场占有份额低，其整体竞争力还较低。

2. 产权保护制度不健全，新型经营主体和农户的合法权益缺少保障

新型农业经营主体和服务主体的发展需要成熟完善的产权保护制度，现行的"三权分置"为土地适度规模经营提供了制度保障，但是在实际操作中，仍面临着落地难问题，目前突出表现在土地承包权与经营权的关系没有理顺，相应的法律保护制度没有建立，不少地区农村土地承包经营权确权颁证没有完成，在新型经营主体开展土地流转的过程中，存在流入方的土地经营权缺少法律保护、流出方农户承包经营权被代理人村集体侵犯的双向问题。如村委会违反《农村土地承包法》不经广

大承包户同意，擅自将机动地发包成员，或与流入方签订的租赁合同超出二轮承包期限，承租人的合法权益不受法律保护等。

3. 少数地方政府干预过度，造成一些投机分子钻政策空子，新型经营主体创新行为扭曲

少数地方政府为追求政绩，片面强调提高农业生产效率，在土地流转过程中出现过度干预、人为强迫农户集中土地搞招商引资、垒大户的越位现象，违背了新型农业经营主体创新的政策初衷，近两年粮食价格不断下滑，个别投机行为严重的经营大户或企业出现单方毁约、撤资跑路问题，引发当地社会矛盾。同时，还有一些新型经营主体为骗取政府补贴、税收优惠和信贷政策等，创办冒牌合作社、搞贴牌家庭农场，而政府监管缺失，造成了负面的社会影响。

4. 支持新型农业经营主体创新的政策支撑体系需要完善

培育新型农业经营主体的政策体系还不健全，一是缺乏应对不可抗拒的系统性自然、社会、市场风险的农业保险制度，新型农业经营主体和服务主体经营面临较大的不确定性。二是新型职业农民培训制度建设相对滞后，各类新型农业经营主体和服务主体建设的领头军队伍力量薄弱，缺乏企业家人才。三是支持新型农业经营主体和服务主体创新的信贷金融配套政策措施缺乏可行性，如土地经营权抵押担保、农产品供应链融资等新的创新方式推进缓慢，造成新型经营和服务主体的资金短缺问题得不到缓解。

四　完善新型农业经营体系的政策建议

培育和完善新型农业经营体系的核心是落实党的十八届三中全会《决定》精神，进一步理顺政府和市场的关系，发挥企业家精神在新型农业经营体系建设中的主体作用，政策重点是营造健康公正的市场竞争秩序和产业风险防范机制，引导各类市场主体根据市场价格有效配置资源，实现效益最大化和效率最优化。政府应避免干预过多造成市场信号失灵以及监管不到位造成财政补贴的流失。具体建议如下：

1. 促进土地经营权长期稳定化，为新型农业经营主体创新提供产权保护

拥有长期稳定的土地经营权，是新型农业经营主体创新发展的基本前提，它将激励新型农业经营主体的经营行为长期化，避免竭泽而渔，保护经营者和承包农户双方的利益。建议以至少与承包农户签订5—10年的土地经营权流转合同作为新型经营主体参与扶持项目申报或项目补助的基本前提条件。通过完善产权制度，让新型经营主体有（占）恒产者有恒心。

2. 改变政府的扶持方式，逐步取消对特定"主体"的扶持，全面转向"项目"支持

建议逐步取消对特定新型农业经营主体或服务主体（如家庭农场、农民合作社以及龙头企业）等制定专门扶持政策的做法，全面转向项目支持，即因"事"而非因"人"支持，防止新型农业经营主体创新中存在的投机行为。对于某些特定项目，在同等条件下，可以向一些类别的新型农业经营主体倾斜。如美丽乡村建设项目、农田水利建设项目等，在同等条件下，向以社区为载体的休闲观光或土地股份合作社倾斜。

对那些仍然保留支持特定经营主体（如合作社、龙头企业、家庭农场）的政策，应当集中在促进带动农户增收或实现适度规模经营方面。因此，应以新型农业经营主体与普通农户的签约数量规模和土地适度流转规模作为重要参考依据。

3. 财政支持项目应加大对人才培育的支持力度

培育具有企业家精神的独立市场主体是现代农业经营体系建设的重中之重，政府应当贯彻落实和强化新型职业农民教育培训及认证制度，与"211"或"985"院校的MBA培训机构合作，在全国范围选拔中青年农业企业家，建立长期定点的新农民企业家专门培训班，为其提供学费补贴。同时，吸引有志青年返乡或下乡创业，与农发行或农信社等机构合作，建立小额创业贷款贴息制度，为打造高素质现代农业生产经营者队伍提供便利条件。

4. 完善农业保险制度，为新型农业经营主体创新发展保驾护航

政府应进一步完善政策性农业保险制度，把参加农业保险制度的目标从全体农户转向以规模农户为主，强化对各类新型农业经营主体和服务主体的风险防范机制，开发针对粮食产业、本地主导特色产业的规模农业经营主体的保险产品，以县域范围的特色农业为依托，建立产业风险准备金制度，降低新型农业经营主体因自然灾害、社会突发性事件以及市场大幅波动带来的生产经营不确定性和系统性风险。此外，鼓励各新型农业经营主体在县域范围内探索开展合作保险。

第五章　发展壮大农村新型集体经济的路径和政策

农村新型集体经济，是指按照现代产权制度要求，以成员自愿合作与联合为原则，通过劳动者的劳动联合和劳动者的资本联合实现共同发展的一种经济组织形态。与传统集体经济相比，农村新型集体经济具有所有权关系明晰化、成员主体清晰化、组织治理民主化、分配制度灵活化等特征。在新形势下发展壮大农村新型集体经济，是落实党和国家各项涉农政策、完善基层治理的迫切需要，是稳定和完善农村基本经营制度、推动农业转型发展的现实选择，是优化农村资源要素配置、实现农业转型发展的有效途径，是精准扶贫、精准脱贫、全面建成小康社会的重要支撑。当前农村新型集体经济的发展路径，主要有产业发展型、为农服务型、资产租赁型和资源开发型四种类型。其实现形式则包括村集体统一经营、农民成员股份合作制、承包农户土地股份合作制、与社会资本发展混合所有制等。发展农村新型集体经济，需要在坚持农村土地集体所有的基础上，充分尊重农民的意愿和选择，遵循市场经济的基本逻辑并牢固树立五大发展理念。为了加快农村新型集体经济发展壮大，应深化农村集体产权制度改革，尽快制定社区股份经济合作社条例，明确其法人地位，完善成员股权退出进入机制和相关税收优惠政策，对集体经济组织的公共开支实行税前列支。

一　发展农村新型集体经济的政策背景

党的十一届三中全会以来，以实行家庭联产承包责任制为开端的农村改革，废除了人民公社体制，建立了以家庭承包经营为基础、统分结合的双层经营体制，开始了农村新型集体经济有效实现形式的积极实践探索。针对当时社会上对家庭联产承包责任制是否倒退的争论，邓小平同志在 1980 年《关于农村政策问题》中明确指出，"有的同志担心，这样搞会不会影响集体经济。我看这种担心是不必要的。我们总的方向是发展集体经济……只要生产发展了，农村的社会分工和商品经济发展了，低水平的集体化就会发展到高水平的集体化……关键是发展生产力，要在这方面为集体化的进一步发展创造条件"。他具体提出了四个条件：机械化水平、管理水平、多种经营发展和集体收入增加。20世纪90年代初期，邓小平同志又系统地提出了农村改革发展著名的"两个飞跃"思想。他说："中国社会主义农业的改革和发展，从长远的观点看，要有两个飞跃。第一个飞跃，是废除人民公社，实行家庭联产承包为主的责任制。这是一个很大的前进，要长期坚持不变。第二个飞跃，是适应科学种田和生产社会化的需要，发展适度规模经营，发展集体经济。这是又一个很大的前进，当然这是很长的过程。"按照邓小平同志的讲话精神，改革开放初期通过村集体为承包农户提供服务、发展农村集体经济，是新型农村集体经济相对单一的初级发展形式，它需要随着现代农业生产力水平的不断进步，向着规模化、组织化、社会化的更高层次发展。

20世纪90年代后，随着中国社会主义市场经济体制的建立和不断完善，党的十五届三中全会通过的《中共中央关于农业和农村工作若干重大问题的决定》（以下简称《决定》）对发展农村集体经济的认识进一步深化，并明确提出，"农民采用多种多样的股份合作制形式兴办经济实体，是改革中的新事物，要积极扶持，正确引导，逐步完善。以农民的劳动联合和农民的资本联合为主的集体经济，更应鼓励发展"。《决定》对集体经济赋予了新的内涵，它不仅强调了集体经济本质上是由独立的自然人个体组成的成员组织的属性，而且强调了成员之间的联合兼具劳动与资本联合的双重属性，对于促进新型农村集体经济发展，具有里程碑式的重要意义。它表明新型农村集体经济的发展，不再局限于对传统人民公社体制下的农村集体经济组织的改造，也不再仅仅拘泥于农村基本经营制度的稳定与完善，其发展主流应是建立在农民劳动者个体的独立、自愿基础之上的劳动者劳动力要素与资本要素的相互合作与联合，其实质是还集体经济以其是承认劳动者私有产权、劳动者的自由联合体的本来面目。

党的十七届三中全会通过的《中共中央关于推进农村改革发展若干重大问题的决定》中提出，"家庭经营要向采用先进科技和生产手段的方向转变，增加技术、资本等生产要素投入，着力提高集约化水平；统一经营要向发展农户联合与合作，形成多元化、多层次、多形式经营服务体系的方向转变，发展集体经济、增强集体组织服务功能"。从稳定和完善农村基本经营制度出发，该决定不仅突破了一讲统一经营就是只有传统村集体经济的统一经营的僵化观念，赋予了集体统一经营更为丰富的内涵，即集体统一经营应是建立在农户自愿基础上的、农户之间联合与合作的"统一经营"，同时也强调了集体经济发展的重点应当是增强组织对成员的服务功能。从这个意义上讲，党的十七届三中全会《决定》是对十五届三中全会精神的继承与发展。

2013 年党的十八届三中全会通过的《中共中央关于全面深化改革若干重大问题的决定》对于新型集体经济发展问题又有了进一步的突破，指出"积极发展混合所有制经济。国有资本、集体资本、非公有资本等交叉持股、相互融合的混合所有制经济，是基本经济制度的重要实现形式"，"允许混合所有制经济实行企业员工持股，形成资本所有者和劳动者利益共同体"。该决定跳出了传统意识形态的禁锢，从更好地实现市场主体的资源优化配置出发，提出了开放性、包容性的新型集体经济发展观，拓展了新型集体经济发展的路径，即发挥市场在资源配置中的决定性作用，充分利用可利用的资源，促进多元化、多样化的市场主体创新，谋求不同相关利益群体之间的合作与联合，实现互利共赢。

二　农村新型集体经济的内涵及基本特征

农村新型集体经济，是指按照归属清晰、权责明确、保护严格、流转顺畅的现代产权制度要求，以成员自愿合作与联合为原则，通过劳动者的劳动联合和劳动者的资本联合实现共同发展的一种经济组织形态。《中华人民共和国宪法》第八条规定："农村中的生产、供销、信用、消费等各种形式的合作经济，是社会主义劳动群众集体所有制经济。"农村集体经济不等于集体所有制经济，后者只是前者的一种形态。从广义上讲，集体经济是各种形式合作经济的统称，是"若干分散的个体通过联合与合作实现共同发展的经济组织形态，可以是生产资料集体所有制为基础的组织方式，也可以是在产权清晰基础上的组织方式，即劳动者个人以资产入股形成的合作制或股份合作制形式"。从狭义上讲，集体经济是传统的、只承认劳动者劳动联合而否认劳动者资本联合和个人产权的、实行生产资料集体所有的社区性公有制经济。

在新形势下，发展壮大集体经济，应归本溯源，从《宪法》规定的"各种形式的合作经济"的角度出发，强化劳动者的劳动和劳动者的资本联合特征，以优化资源配置、实现共同发展为目的，而不应过度意识形态化，一味追求生产资料的集体所有。而且，集体经济的组织形态是一个不断变化、逐步完善的过程。不同时期集体经济的实现形式各不相同，随着经济社会发展水平的不断提高，集体经济的实现形式也会不断调整完善。可以预计，今后相当长一个时期，建立在产权清晰基础上的专业合作制、股份合作制都是集体经济的有效实现形式。

从发展路径划分，新型农村集体经济可以分为两大基本类型：一是源自对传统农村集体经济的现代产权制度改造。一般而言，它以农村土地集体所有制为基础，以村社区为载体，通过农村集体产权制度的改革，摸清集体资产的家底，明晰集体经济组织成员的边界，落实集体经济组织的成员所有者主体，在此基础上发展社区股份合作企业，实现成员所有者主体的利益最优化，以及集体经济组织资产的优化配置和保值增值。二是遵循市场原则，按照"物尽其用、人尽其才、自愿合作、美美与共"的理念，农民劳动者和其他资源的拥有者联合创新出的经济实现形式。它是承包农户或农民劳动者个人在自愿的基础上，通过成员相互间的劳动联合和资本联合相结合，或者以劳动者的劳动联合和资本联合为主，吸纳外部社会资本参股，按照民主决策、按劳分配与按股分红相结合的原则运行，以所有者个人出资形成的联合所有的财产为限承担有限责任的一种经济形式。

农村新型集体经济的"新"是相对过去计划经济体制下的传统集体经济的"旧制度安排"而言的。与旧的集体经济相比，农村新型集体经济具有以下五个方面的特征。

一是所有权关系的明晰化。在传统的集体所有制下，集体财产名义上是由集体的全体成员所有、集体成员人人有份，但实际上产权不清，是否认集体中的成员个人对集体财产的所有者权益的、抽象的"集体"所有，所有者主体缺位、人人无份，激励机制缺失。而新型集体经济的集体财产是在明晰集体产权、成员界定并折股量化到每个成员（包括自然人和组织）的基础上，由成员各自独立出资并联合起来而形成的，它承认和保护每个成员的所有者权益。成员的出资方式可以是货币、资源或实物、技术、知识产权、劳务折价等多种形式，也可以是集体资产量化给个人的部分，每个成员的出资联合在一起形成了集体财产。因此，新型集体经济强调集体财产的成员联合所有。

二是所有者成员主体的清晰化。传统集体经济中，实行的是一种天赋成员制度，出生就必须以劳动的联合参与集体经济，没有自由进退的选择权。而新型集体经济组织是由各自独立的成员自愿组成的成员集体，成员身份是有着清晰界定的。成员根据组织章程加入或退出，进行股权的内部转让，甚至在一定条件下可以进行市场交易，实现（部分）股权流转。

三是组织治理的民主化。传统农村集体经济组织本质上是人民公社体制下自上而下、由行政控制的等级制治理机制，作为所有者的成员不过是简单的劳动者，没有任何决策权。而新型集体经济组织实现全体所有者成员共同民主决策机制，体现成员权利与责任的对等。

四是分配制度的灵活化。人民公社体制下的农村集体经济，实行按劳分配的工分制度，实际上是吃大锅饭，造成成员的搭便车现象突出。而新型集体经济的分配采取按劳分配与按股份分配相结合的灵活方式，可以更好地实现各种资源的整合和优化配置。

五是与政府的关系。传统农村集体经济组织是人民公社体制下的一个棋子和生产单位，生产什么、生产多少甚至如何生产都由上级组织决定，更多地体现国家意志。它本质上是行政机构的附属物，不是独立的市场主体，因而也就没有自己独立自主的经营权利。而新型集体经济组织是独立的市场主体，依法自主经营，自负盈亏，自担风险。政府只能通过制定政策来影响集体经济组织的行为，而不再有权力直接干预其内部事务。

三　发展农村新型集体经济的必要性

发展壮大农村新型集体经济，既是推动农村发展、实现农民增收的重要途径，也是村级组织正常运转的基本保证，更是农村全面建成小康社会的重要支撑。其必要性主要体现在以下四个方面。

一是落实党和国家各项涉农政策、完善基层治理的迫切需要。自人民公社演变而来的农村集体经济组织，既是一种经济组织，又是一种政权组织和社会主义基层组织，不仅承担着发展农村经济、保障农民生活并提供文教、治安等公共服务的经济社会职能，还是政府的行政工作在农村的兜底单位和责任主体，在国家完善基层治理、建设社会主义和巩固党的执政地位等方面发挥着重要作用。而且，中国是社会主义国家，发展壮大农村新型集体经济是稳固集体所有制的应有之义，也是理论自信、制度自信和道路自信的内在要求。但是，新时期以来，尤其是农村税费取消之后，集体经济组织和农村基层政权因缺乏资源、资金而出现持续虚化、弱化和边缘化，农村集体所有制已成为没有组织形式和实现形式的"空架子"。缺乏经济基础的基层党组织也陷于形式上"在场"与实质上"缺位"的尴尬境地。按照党的十八届三中全会的要求，"发展壮大集体经济"，显然有助于巩固党的执政基础，贯彻落实国家的有关政策，提升农村社会治理水平。

二是稳定和完善农村基本经营制度、推动农业转型发展的现实选择。统分结合的双层经营体制，是《宪法》确定的农村集体经济组织的基本形式。其中"统"

指的是集体经济组织的生产服务、管理协调、资产积累等职能。不过，实行家庭承包经营之后，集体经济组织逐渐退出了农业生产活动，其"统"的职能转变为组织成员建设农田水利、向其提供农业服务等管理协调方面，只有很少的集体经济组织通过资源开发、兴办企业实现了资产积累增值。随着农村税费的取消，集体经济组织没有了参与农田水利建设、提供农业服务的组织能力和制度激励。在农业部 2014 年全部统计的 58.4 万个村中，有 77% 的村集体收益在 5 万元以下。即使集体经济组织想发挥更多作用，也"心有余而力不足"。但另一方面，随着城镇化和农业农村转型的步伐加快，迫切需要集体经济组织发挥其服务和管理职能。而要其发挥"统"的公共职能，就需要相应的资源和资金。尽管国家的财政转移支付部分缓解了上述困境，但发展壮大农村新型集体经济，显然比单纯"等、靠、要"国家补贴更为合理和可持续。

三是优化农村资源要素配置、实现农业转型发展的有效途径。发展壮大股份合作制等农村新型集体经济，不仅可以增加集体经济组织成员的经营性收入和财产性收入，还可以提高农业经营的集约化、规模化、组织化、社会化和产业化水平，从而加快现代农业机械和先进技术的采用进程，提升规模经营效益和农业竞争力。一方面，市场经济和城镇化的发展，要求将农村劳动力、土地等资源要素进行重新配置。集体经济组织是农村土地的所有权人，农村土地的连片流转、有偿退出和各项契约的顺利实施，都离不开集体经济组织的支持和配合。否则，农地的规模化经营、进城农户的土地财产权转让等都难以实现。另一方面，农业现代化离不开规模经营、农业机械化和先进农业技术的使用。传统的一家一户分散经营，规模小，技术落后，劳动生产率和经济效益低。邓小平曾指出，"仅是一家一户的耕作，不向集体化集约化经济发展，农业现代化的实现是不可能的"。

四是精准扶贫、精准脱贫和全面建成小康社会的重要支撑。习近平总书记指出："全面建成小康社会，最艰巨最繁重的任务在农村，没有农村的小康，就没有全面建成小康社会。"中国的贫困人口主要分布在农村地区，农村地区是全面建成小康社会的难点和重点。截至 2015 年年底，全国农村贫困人口仍有 5575 万人。要落实党的十八届五中全会要求和国家"十三五"规划，实现到 2020 年全面脱贫和全面建成小康社会目标，需要发挥集体经济的基础支撑作用。发展壮大农村新型集体经济，既能够促进村集体的造血功能和贫困地区的内源性增收机制，又可以增强贫困人口的识别能力和瞄准性，减少扶贫资金的"跑、冒、滴、漏"，从而提高贫困群众自我发展能力和扶贫效果，加快全面建成小康社会。一个没有集体收入的贫困村，既难以保证脱贫农户不会重新返贫，也无法为全面建成小康社会做出应有的贡献。

四　农村新型集体经济的发展路径与实现形式

（一）发展类型

当前，在深化农村集体产权制度改革中，以村集体"三资"（资金、资产、资源）为纽带的农村新型集体经济主要有以下四种发展路径。

一是产业发展型。顾名思义，产业发展型集体经济是指农村集体经济组织立足自身优势和资源禀赋，通过发展某一种或几种产业实现集体"三资"的升值保值和集体组织成员的增收致富的模式。比较而言，产业发展型集体经济又可以分为只有部分集体经济组织成员参与和全体成员参与两类。

河南省济源市花石村是集体资产股权改革之后一部分集体成员再次抱团发展、共同致富的一个样本。2015年8月份完成集体股改之后，村里在工商局注册成立了股份经济合作社，以村干部带头、村民自愿入股、收益按股分红的方式筹资220万元建成"南山森林公园滑雪场"，其中村支书占股60%，其他村民每户可以投资1万—3万元，最终38户农民选择入股，成为股东。由于地理区位和生态环境好，且选择的项目合适，2015年一个月的经营收入达115万。2016年4月股份经济合作社决定筹建"南山森林公园水上乐园"，看到滑雪场项目赚钱的村民纷纷要求入股，最终全村有97户农户成为第二个项目的出资股东。至2016年7月，水上乐园项目已经建成并营业，日均营业收入2万元左右。这种模式既注重发挥资本的作用和成员的积极性，也强调成员之间的合作，并且将进入、退出集体经济的权利给予了农户。

辽宁省凤城市大梨树村是以"统"为主（村集体统一经营、村干部具体管理），通过生态农业、健康休闲产业发展新型集体经济的典型代表。因"敢说话、说真话"而广受关注的全国人大代表毛丰美，生前是大梨树村党支部书记和村委会主任。改革开放后，大梨树村在毛丰美的带领下，通过从事商贸、旅店（宾馆）等完成了资金积累。1997 年以来，村里审时度势，开始将经营重心放在村庄开发和土地资源利用上，搞生态农业和休闲旅游。至 2010 年，大梨树村不仅建成了万亩果园、万亩五味子中药材基地，还新建了一处占地 500 亩的"药王谷"建筑群和集生产观光于一体的 5 万平方米"干"字文化广场。春季赏花、秋季摘果，大梨树村的游客逐年增加。2012 年国庆黄金周期间，大梨树村接待游客 3.75 万人次，实现门票收入 275.19 万元。至 2014 年，大梨树村集体总资产为 4.1 亿元，村民人均年收入达 20300 元。

二是为农服务型。对于大部分农区而言，受限于地理区位、资源禀赋和资金积累，想通过某一产业发展集体经济是十分困难的。但是，随着农村耕地价值的不断增加，一些村集体开始借助土地所有者、管理者的身份或者通过组建土地股份合作社，连片出租集体土地获得经济收益。与产业发展型相比，为农服务型的一个突出特点是集体经济组织不参与生产和经营。

江苏省太仓市荡茜村于 2008 年 3 月集中农户自愿流转农地，以一亩土地为一股，同股同利，组建了土地股份合作社。合作社以公开招标的方式出租土地，收益按"保底收益＋二次分红"的方式在土地股份间进行分配。179 户农民提交了入社申请，入股土地面积为 1105.5 亩，占确权面积的 77.8%。2008 年，合作社共获租金 76.94 万元，保底收益分配 55.25 万元，每亩 500 元；年终二次分红 9.85 万元，每亩 89.1 元；平均每亩地合计收入 589.1 元。村集体经济组织每亩约可以获得 107 元的收益，1105.5 亩总计获得 11.8 万元的流转收入，约占 15%。值得一提的是，农户以土地入股合作社后，可以消除田垄，从而使可耕种面积增加 10%—15%。2010 年，招标收益增加，二次分红增加至每亩 200 元（保底收益仍为 500 元），每亩地合计收入达 700 元。

河北省栾城县柳林屯村是通过为土地流转双方提供服务获得集体收益的代表性村庄。集体经济组织的主要作用和收益为：首先，与从事蔬菜大棚生产的土地流入方议定每亩土地租金为当年 800 斤小麦＋800 斤玉米（折价），为流入方提供 500 亩连片土地，租期为 2011—2028 年；其次，与连片地块有关农户商议土地流转事宜，对不愿意参与流转的农户土地在村内调换；再次，作为土地所有者，村集体（由村委会代为执行）每亩地每年收取 200 元的流转费用，每年 10 万元，其余部分为承包农户按地块面积平均分配；最后，村集体利用每年收到的 10 万元收益，为村民提供修路、扶贫等公共服务。

上述两个村庄，借助集体经济组织的力量，成功实现了农业的规模化、现代化经营，提高了农民收入，同时壮大了集体经济组织实力，强化了村委会在农村事务中的作用。

三是资产租赁型。资产租赁型集体经济，也称"瓦片经济"，是指集体经济组织通过建设、购置或者以其他方式取得实物资产，进而将其出租以实现集体资产保值、增值的一种经济组织形式。这类集体经济发展类型，一般都出现在工商业比较发达的城郊或工业集聚地区，是城郊农村被动或主动融入城市的一种经济行为。

北程庄村是北京市大兴新城的城中村，全村共有 560 亩地、420 人（其中 160 多人已转居，不参与集体收益分配）。2008 年，北程庄的土地被国家征收，除安置住房外，村里还获得了 7000 万元征地拆迁补偿款。为了保留集体经济，避免农民拿到拆迁款后挥霍或者染上赌博等恶习，在当地政府的要求和帮助下，该村没有把征地拆迁补偿款分发，而是拿出 4000 万元，在清城商业街购置了 1700 多平方米的门店用来出租（作为饭店、连锁酒店等），获得的租金在 266 位集体成员中按股分红。在具体分配时，村里原本是按照北京市的有关政策，采取二次分配的方式，即扣除经营支出后，分配 70% 的收益，其余 30% 留作集体发展资金。但是，由于村里没有做大集体经济的动力，后来决定将扣除集体开支后的收益全部分掉。2010 年，成员股东每人获得约 1 万元的租金分红，2014 年，增加至 2.08 万元（有劳龄股的每股约为 2.4 万元）。其他 3000 万元资金，则在政府的帮助下，以 7% 的年化收益率定投至金融机构，利息收入同样按股分配。

浙江省湖州市南浔区鼓励多村联合在中心镇区、工业功能区等区位条件较好、产业集聚度较高的地方组团建设物业项目。全区 44 个集体经济欠发达村经济合作社注册成立中小企业科技孵化园有限公司，抱团建设标准厂房。2015 年年底，由集体经济联合投资的一期厂房已整体出租，年租金收入 410 万元，村均增收近 10 万元。江苏省常熟市勤丰村，联合其他 8 个村，共同投资 6432 万元，购买了 4 万多平方米标准化厂房对外出租，年租金高达 650 万元。这些建厂、购厂而后出租的行为，有效地利用了集体成员的闲散资金，在壮大集体经济的同时增加了农民收入。

四是资源开发型。资源开发型集体经济，是指集体经济组织为了促进集体经济增长和农民增收，将原本低效率利用甚至闲置的集体所有的土地、资金和生态环境等资源进行整合，或者交由其他主体投资开发，进而获取经济利益的一种集体经济发展模式。与产业发展型集体经济主要由集体经济组织牵头不同，资源开发型集体经济一般是采取收取定额租金或者以村集体资源和资产入股的方式，将资源、资产交由集体经济组织外的其他主体承包经营。由于农户要求保底收益，不愿承担资源开发后的经营风险，因此资源开发型集体经济的利益联结不如产业型发展模式那样紧密。

山东省东平县南堂子村位于东平湖畔、昆山脚下，山清水秀，但集体经济发展落后，村集体长期负债。2008 年成为《新水浒传》取景地后，为了集中利用、整体开发村里的土地和生态环境资源，在政府的引导和资金支持下，南堂子村建立了股份合作社，并设计出兼顾土地、成员身份和企业家才能的收益分配机制。该村主要采取了以下三种措施：（1）以 2013 年 7 月 1 日为始点，将全村土地按人口分为 1453 股，一人一股。土地股生不增、死不减，每股每年可从合作社获得 1000 元的保底收益。（2）设计户口股。户口在本村者可以获得合作社股份。户口股随人口变动而变化，并按股参与合作社盈余分配。（3）设计出股份合作社的"阶梯式奖励标准"：若合作社盈余超过当年计划，则超过 0—5 万元、5 万—10 万元、10 万—20 万元和 20 万元以上的部分，合作社管理人员分别提取超额收益的 30%、40%、50%、60%。该村人均 0.2 亩的山坡地通过股份合作社整合后开展生态观光、采摘业务，得以统一、高效利用。至 2014 年年底，借助股份合作社，村集体增收 20 万元，受益农民达 4000 多人。①

　　浙江省安吉县鲁家村利用其环境好的优势，在全村 16.7 平方公里的土地上规划布局了 18 个家庭农场，并引进专业旅游公司，打造出"公司 + 村集体 + 家庭农场"的乡村资源开发模式。村民将土地交回村里统一流转，每亩每年可以获得约 800 元的收益，同时可以承包家庭

---

　　①　除了资源开发特征外，南堂子村成立了全体村民参与的土地股份合作社，实现了土地规模化流转，也具有较强的为农服务特征。

农场或者做农场的工作人员。村集体建设了游客服务中心、文体活动中心，发展餐饮住宿和农家乐，把全村打造成"游、吃、住、购、娱乐"为一体的旅游大景区，吸引了旅游公司千万元的资金投入。村集体经济收入也从 2011 年的不足 3 万元，提高到 2015 年的 150 万元。

（二）实现形式及趋势展望

对比上述不同类型，可以发现，新型集体经济主要有以下四种实现形式。

1. 村集体统一经营

辽宁省凤城市大梨树村是在能人带动下，保留传统集体所有制，不将资源、资产量化到人（户）而实现集体经济转型发展的典型。这种集体经济实现形式具有一些优点，比如可以更好地统一规划、一致行动和"集中力量办大事"，而且经营收益主要留存在集体组织成员内部，有助于实现共同富裕。不过，这种产权模糊的传统公有制想要成功，至少要具备两个条件：愿意为村里奉献的能人和较好的集体经济发展基础。可以设想，如果没有 1997 年之前毛丰美及其他村干部的无私付出，大梨树村积累不起来大量的集体资产、资金，其后集体经济的转型发展和二次创业能否成功，值得怀疑。但是，像毛丰美这样有能力且愿意放弃自身利益带领村集体致富的领路人可遇而不可求。实际上，从全国范围看，村干部侵占集体资产案件时有发生。如何防止因村干部贪腐引发社会稳定问题，已经成为集体资产股权改革的一个重要动因。而且，对全国范围内的绝大多数村庄而言，集体经济发展的基础都较差。因此，能人带动的传统公有制，恐怕难以成为农村新型集体经济发展的主流。

2. 农民成员股份合作制

根据"统"或者"分"的发展趋势，资产的股份合作制又有两种表现形式。一是对于不可分割的集体资产，按照集体产权制度改革思路，在清产核资后将股权量化至成员，但是仍然要求其统一经营。北京市大兴区北程庄村民以征地拆迁补偿款共同购置门店，并由成员按股收益，是这一方式的典型。由于不允许成员股份转让和退出，这种方式是集体产权制度改革不彻底的产物，随着股权权能改革的推进，其趋势是"分"。调查中，北程庄村包括村党支部书记在内的绝大部分村民都表示，想把门店出售变现，然后把资金分配给股东。只是迫于集体产权制度改革不得把集体资产"分光吃净"的行政压力，暂时未能实现。

二是部分农民为了开展产业化经营、抱团闯市场，自愿以股份合作的方式投资购置资产。这是在"分"的基础上的联合与合作。河南省济源市花石村部分村民在村内投资兴建的两个项目，就采取了村民自愿入股的形式。由于花石村没有集体经营性资产，且已经按面积将土地流转收益固化下来，量化到人的股权改革十分彻底。其经验表明，将集体资源、资产"分光吃净"后，反而为新型集体经济提供了发展空间，从 1/5 农户参与第一个项目，到过半的农户参与第二个项目，其表现出的趋势是"统"。当然，这种"统"不是涵盖所有村民的"统"，而是部分村民的自愿合作与再联合。

这两种内在动力和发展方向迥异的资产股份合作制，让我们思考，发展壮大集体经济是追求集体经济的数量还是追求其发展质量和带动成员增收情况？如果是后者，那么放弃一些没有发展意愿和能力的集体经济，也许反而有助于释放集体经济的活力，展现其优越性。

3. 承包农户土地股份合作制

集体所有、农户承包的土地制度，决定了土地股份合作是农村土地综合开发和整体利用的最主要形式。江苏省太仓市荡茜村直接以土地入股，并按股份比例分配土地流转收益，是最明显的土地股份合作制。河南省济源市花石村建设游乐场和山东省东平县南堂子村发展生态旅游、采摘，也都是以村民的土地股份合作为基础。以花石村为例，土地股份合作的主要做法是：以2015年8月31日为始点，以确权、确股、不确地的方式，将全村858亩土地平均量化给693位成员，并固化下来，然后村里统一将全部土地流转出去，成员按所占股份获得相应收益。上述村庄的经验表明，以确权、确股、不确地的方式，将农民拥有的土地份额固化下来，有利于新型集体经济的稳定发展。对于绝大部分传统农区而言，土地是农民最重要的资产，农村改革必须处理好土地问题。通过土地入股、农户入社，组建土地股份合作社，解决土地细碎化和产出能力低下等问题，发展规模经营，将可以丰富集体经济的实现形式。

4. 与社会资本发展混合所有制

很多预期效益较好的投资项目，都需要较大额的启动资金。但是，绝大部分集体经济组织的财力十分有限，甚至长期负债，单凭某一个集体经济组织的资金实力难以达到最小投资要求。因此，越来越多的集体经济开始寻求跨集体的合作与联合，并不断突破传统集体经济边界，形成了"集体经济＋"混合所有制。所谓混合所有制，是相对传统的纯之又纯的集体经济而言的。混合所有制的形成有两种方式：一是打破传统地域和行政边界，采取股份制形式，形成跨区域的集体经济联合体。比如北京市大兴区黄村镇8个较富裕的村，带动10个经济落后村，采取股份制形式，共同出资2380万元，入股参与印刷包装基地厂房建设，年收益达800万元。二是跨越不同的所有制形式，将合作伙伴延伸至公司等非集体所有制经济，形成"集体经济＋非集体经济"的混合所有制经济。随着越来越多的工商资本下乡，后一种类型的混合所有制也不断增加。前文提到的浙江省安吉县鲁家村是这种发展模式的典型。

五　发展农村新型集体经济的基本原则和政策建议

（一）基本原则

新形势下发展壮大农村新型集体经济，需要坚持以下四项基本原则。

一是坚持土地集体所有。以家庭承包经营为基础、统分结合的双层经营体制，是农村政策的重要基石，也是《宪法》确定的农村基本经营制度，其核心是农村土地的"家庭承包、集体所有"。农村土地的集体所有制，不仅在基础设施建设和村庄内部公共服务提供方面具有优势，还有利于强化村民自治，保障了耕者有其田、居者有其屋，并为新农村的建设规划、农业的专业化经营等提供制度基础。而且，中国农业持续三十多年稳定增长的事实表明，农村土地集体所有制具有灵活性和包容性。正因如此，2016年4月在小岗村主持召开的农村改革座谈会上，习近平总书记强调，改革"不能把农村土地集体所有制改垮了"。

二是尊重农民意愿。"大一统"式的集体经济历史上曾经给农业、农民带来严重灾难。尊重农民的意愿和自主选择，是当前政界和学界关于农村土地制度改革的普遍共识。"强扭的瓜不甜"。农村新型集体经济，是否发展、如何发展、盈利怎么分配，都应按照习近平总书记的要求，"尊重农民意愿和维护农民权益，把选择权交给农民，由农民选择而不是代替农民选择，可以示范和引导，但不搞强迫命令、不刮风、不一刀切"。农民共同决定合作方式、共同设计监督和激励机制，是提高集体行动绩效和保障集体经济健康发展的基础。

三是遵循市场逻辑。市场决定资源配置是市场经济的一般规律。尽管存在市场失灵等问题，但理论和实践都表明，市场机制仍然是资源配置最有效率的形式。发展壮大集体经济，不能走"归大堆"的老路和剥夺农民的邪路。而要贯彻"使市场在资源配置中起决定性作用"的精神，按照产权清晰、可流通的市场经济逻辑，在清产核资、成员界定、股权量化的基础上，逐步减少资源资产股份权益市场化交易的各种壁垒，为农村新型集体经济吸引人才、资金等多种资源要素并更好地发挥其积极性提供制度安排，走成员权利平等、资产股份共有、利益按贡献分享的新路。

四是树立五大发展理念。按照党的十八届五中全会的要求，以创新、协调、绿色、开放、共享的发展理念，推动农村新型集体经济发展。创新发展就是以多种形式实现农村新型集体经济发展；协调发展就是将集体经济发展与美丽乡村建设、永久农田保护和现代农业综合区建设相结合，与发展休闲农业和生产性服务业相结合，系统、协调、整体推进；绿色发展就是注重生态环境对集体经济发展的重要性，"绿水青山就是金山银山"；开放发展就是引导集体经济组织以资产投资、入股、独资等方式参与新型城镇化、工商业和农村新兴服务业；共享发展就是维护好集体、个人和相关利益第三人的权益，让集体经济在精准扶贫、精准脱贫和全面建成小康社会中发挥作用。

（二）政策建议

发展壮大农村新型集体经济，要兼顾集体经济组织的不同类型、不同发展阶段，着重做好三个方面的工作。

1. 深化农村集体产权制度改革，明确集体经济组织法人地位

在全面深化改革的大背景下，2015年和2016年中央一号文件分别提出，要推进和深化农村集体产权制度改革。做好农村集体产权制度改革，有利于建立符合市场经济要求的集体经济运营新机制，壮大集体经济实力；有利于明晰集体产权归属、完善集体产权权能、促进城乡要素平等交换；有利于明确集体经济组织成员身份、赋予农民更多财产权利、增加农民财产性收入。

推进和深化农村集体产权制度改革，首先要做好成员界定、集体资产量化等基础性工作。目前，关于集体

经济组织成员界定的全国性文件尚未出台，成员资格界定多数处于乡村自我管理的状态。考虑到大量的农民迁移、土地流转，传统封闭的农村集体经济组织的边界日趋模糊。为了更好地推进改革，可以鼓励在改革试验区按照"尊重历史、立足当前、着眼未来"的基本原则，出台关于本区县产权改革成员界定的指导性意见，针对有争议的焦点问题提出具体参考性意见。关于集体资产量化，为了保证集体资产的完整性和改革的彻底性，更好地盘活集体资源和资产、实现农民的财产权益，应当在集体成员界定清楚之后，引导和鼓励农民把经营性资产、非经营性资产和资源性资产均列入量化范围。无论如何，成员界定和集体资产量化都要坚持群众路线，尊重农民选择，获得农民支持。

其次是明确集体经济组织的法人地位。目前，农村集体经济组织改制后的法人地位并未明确。就目前来看，集体经济组织无论是登记注册为企业法人还是合作社法人，都面临很多法律障碍。从广东、浙江等地的经验看，由政府发放组织证明书，赋予改制后的新型集体经济组织市场主体地位，只能是一种可行的临时性措施。从长远来看，它会影响到改制集体经济组织的市场竞争地位。

因此，建议着手制定社区股份经济合作社条例，对合作社准予工商注册登记，以取得法人资格。为保护农民成员的土地承包经营权权益，土地承包经营权入股可以采取规定使用权期限的做法，如果承包期限届满，股权将自动收回到集体经济组织。

2. 建立产权交易平台，完善成员股权的退出进入机制

在市场经济体制下，只有股权自由流转，才能实现资源要素的优化组合，才能体现农民所持集体资产股份的价值。如果仅对集体资产量化，而不允许股份流转，那么集体资源、资产就不能与其他要素实现优化组合，产权量化的功效将大打折扣，这显然违背了产权改革的初衷。为充分发挥集体资产股份自由流转的巨大效应，需要赋予其流转权能。而建立农村产权流转交易市场，可以为包括集体资产股权在内的各类农村产权流转交易行为搭建平台，提供完善的中介服务和健全的制度安排，推动农村产权流转交易公开、公正、规范运行。

集体经济组织的股权转让和股份合作，可以采取"先内后外、进退平衡、资源互补"的实施思路。借鉴各地改革经验，重点是搭建集体资产股权流转交易平台，建立股权流转和有偿退出机制，允许成员股份在家庭内部、成员之间转让和由集体经济组织有偿回购。

3. 实行公共开支税前列支，消减集体经济组织改革发展成本

目前来看，针对集体经济组织的税收优惠政策很少。按照现有的财税制度，如果集体经济组织在工商部门注册为企业法人，不仅需要缴纳资产额3%的契税和0.3%的交易费，股份分红还需要向税务机关缴纳20%的个人所得税，从事物业出租的，还需要缴纳营业税等七种税费。若全部按章纳税，综合税率达到36%。改制后新型集体经济组织及其成员承受过重的税赋压力，不仅导致集体经济积累能力有限，还直接抑制了基层改革的积极性。

基于目前新型集体经济组织承担着发展集体经济和支持社区管理的双重责任，除依法缴纳营业税、土地增值税、房产税等多种税费外，还承担着应由政府公共财政负担的社区治安、卫生、教育、社会优抚等公共职能。因此，给予税收政策优惠，对集体经济组织利用物业租金收入从事农村公共事务和公益事业建设的部分实行税前列支，合情合理。集体经济组织将资产按份量化到人形成收益分配权，因其未将资产价值真正量化给成员，

不属于《个人所得税法》规定的股权范畴，所以产权改革后成员按份额取得的红利收益，不应缴纳个人所得税。而对原集体经济组织的资产按其价值量化到人，成员以量化到其名下的资产价值作为出资，股权可在市场上交易，并按股份比例分得的红利收益，则应依法缴纳个人所得税。

参考文献

1. 丁文：《论土地承包权与土地承包经营权的分离》，《中国法学》2015 年第 3 期。

2. 高圣平：《承包土地的经营权抵押规则的重构——兼评重庆城乡统筹综合配套改革试点模式》，《法商研究》2016 年第 1 期。

3. 韩长赋：《土地三权分置是中国农村改革的又一次重大创新》，《农村工作通讯》2016 年第 3 期。

4. 韩松：《农民集体所有权的权能》，《法学研究》2014 年第 6 期。

5. 黄延信：《发展农村集体经济的几个问题》，《农业经济问题》2015 年第 7 期。

6. 贾林青：《确认农地经营权还需制度保障》，《中国经济报告》2014 年第 12 期。

7. 李帆：《评农村土地三权分离学说——从民法理论的角度》，《经济研究导刊》2016 年第 3 期。

8. 李国强：《论农地流转中"三权分置"的法律关系》，《法律科学》（西北政法大学学报）2015 年第 6 期。

9. 刘颖、唐麦：《中国农村土地产权"三权分置"法律问题研究》，《世界农业》2015 年第 7 期。

10. 农业部经管总站体系与信息处：《家庭农场调查分析——2015 年农经统计半年报分析之四》，《农村经营管理》2015 年第 10 期。

11. 潘俊：《农村土地"三权分置"：权利内容与风险防范》，《中州学刊》2014 年第 11 期。

12. 普金霞：《农村土地三权分离法律思考——基于权能分割和成员权视角》，《人民论坛》2015 年第 26 期。

13. 邵挺：《土地流转的"名"与"实"——引入金融的视角》，《中国发展观察》2015 年第 4 期。

14. 孙宪忠：《推进农村土地"三权分置"需要解决的法律认识问题》，《行政管理改革》2016 年第 2 期。

15. 魏后凯、杜志雄、黄秉信：《中国农村经济形势分析与预测（2015—2016）》，社会科学文献出版社 2016

年版。

16. 谢鸿飞:《依法推进"三权分置"改革,农村土地可以释放更多红利》,《人民日报》2016 年 1 月 28 日第 7 版。

17. 杨一介:《我们需要什么样的农村集体经济组织》,《中国农村观察》2015 年第 5 期。

18. 叶兴庆:《集体所有制下农用地的产权重构》,《毛泽东邓小平理论研究》2015 年第 2 期。

19. 尹成杰:《三权分置是农地制度的重大创新》,《农村工作通讯》2015 年第 16 期。

20. 张红宇:《新型农业经营主体发展趋势研究》,《经济与管理评论》2015 年第 1 期。

21. 张晓山:《关于农村土地承包经营权确权登记颁证的几个问题》,《上海国土资源》2015 年第 4 期。

22. 中国社会科学院农村发展研究所、国家统计局农村社会经济调查司:《中国农村经济形势分析与预测(2014—2015)》,社会科学文献出版社 2015 年版。

23. 周星乔:《中国目前共有种粮大户 68.2 万　占全国总产量 12.7%》(http://finance. people. com. cn/n/2013/0413/c1004-21123061. html)。